AF524760

Marcus Täuber & Pamela Obermaier

Alles reine Kopfsache!

Marcus Täuber & Pamela Obermaier

Alles reine Kopfsache!

5 Phänomene aus der Hirnforschung, mit denen Sie alles schaffen, was Sie wollen

Der Verlag und seine Autoren sind für Reaktionen, Hinweise oder Meinungen dankbar. Bitte wenden Sie sich diesbezüglich an verlag@goldegg-verlag.com.

Der Goldegg Verlag achtet bei seinen Büchern und Magazinen auf nachhaltiges Produzieren. Goldegg Bücher sind umweltfreundlich produziert und orientieren sich in Materialien, Herstellungsorten, Arbeitsbedingungen und Produktionsformen an den Bedürfnissen von Gesellschaft und Umwelt.

ISBN Print: 978-3-99060-066-5
ISBN E-Book: 978-3-99060-067-2

Friedrichstraße 191 • D-10117 Berlin
Telefon: +49 800 505 43 76-0

Goldegg Verlag GmbH, Österreich
Mommsengasse 4/2 • A-1040 Wien
Telefon: +43 1 505 43 76-0

E-Mail: office@goldegg-verlag.com
www.goldegg-verlag.com

Layout, Satz und Herstellung: Goldegg Verlag GmbH, Wien
Druck und Bindung:FINIDR, CZ

Wir selbst sind die Ursache aller unserer Hindernisse.
MEISTER ECKHART, deutscher Mystiker *(1260–1327)*

Dieses Buch ist für Tanja, durch die ich die Ausbildungen in den mentalen Bereich in Angriff genommen habe und die mich als wertvolle Begleiterin über viele Jahre mit ihren genialen Ideen inspiriert. Weiters widme ich dieses Buch den vielen großartigen Menschen in meinem Leben und allen, die den Mut haben, sich der gewaltigsten Entdeckungsreise überhaupt zu stellen: der zu ihrem eigenen Selbst.
MARCUS TÄUBER

Ich widme dieses Buch Rudolf Kronreif, der mir die Welt der mentalen Kraft und ihrer grenzenlosen Möglichkeiten eröffnet und mich damit bereits in meinen jungen Lebensjahren stark geprägt hat. Es ist darüber hinaus für meine langjährigen engen Freundinnen (hier in alphabetischer Reihenfolge genannt) Chrissy, Marion, Nici, Nicole, Rita und Romana! Jede von ihnen hat in den vergangenen zwei bis drei Jahrzehnten auf ihre spezielle Art ihre Gedanken, Gefühle und Sichtweisen mit mir geteilt und dadurch meinen geistigen Horizont laufend erweitert, was mich zudem darin unterstützt hat, möglichst unbeirrt meinen Weg zu gehen.
PAMELA OBERMAIER

Inhaltsverzeichnis

Die Macht ist in uns! Die Kunst, über sich selbst hinauszuwachsen

Herzlich willkommen, liebe Leserinnen und Leser! Sind Sie auch schon mal mit Ihren guten Vorsätzen gescheitert? Unsere Erfahrungen zeigen: Das passiert so gut wie jedem! Die anvisierte Ernährungsumstellung, der Plan, ab sofort aber wirklich zweimal wöchentlich Sport zu machen, das motivierte Vorhaben, seltener shoppen zu gehen und damit weniger Geld auszugeben, der Vorsatz, im Haushalt nicht immer alles zusammenkommen zu lassen, den Partner nicht mehr so oft anzumotzen oder sich im Job fleißiger und engagierter zu zeigen – all das klappt für ein paar Tage oder sogar Wochen. Doch dann fallen die meisten von uns in ihr altes, gewohntes Muster zurück: der Schweinehund hat wieder mal gewonnen … An dieser Stelle möchten wir Sie deshalb dazu einladen, sich mit uns auf eine gedankliche Erfahrungsreise zu begeben – auf eine Reise, durch die Sie erfahren werden, wie Sie Ihr Gehirn verändern und so über sich selbst hinauswachsen können. Denn letztlich ist *alles reine Kopfsache!* Wir werden Ihnen ein Konzept präsentieren, das Ihr Leben nachhaltig und tiefgründig verändern wird – sofern Sie es auch anwenden, versteht sich. Wir fordern Sie auf: Tricksen Sie Ihr Gehirn aus, um Ihre sehnlichsten Wünsche wahr werden zu lassen!

Unser Versprechen: Wir werden Sie in fünf gewinnbringende Geheimnisse für ein erfüllteres Leben einweihen, indem wir Ihnen Phänomene rund um das menschliche Gehirn vorstellen, die den Schlüssel zu nachhaltiger Veränderung beinhalten. Dadurch werden Sie wiederum erfahren, wie Sie den Krankmachern des Alltags entkommen und Ihrem Leben mehr Genuss geben können, warum Ihre Persönlichkeit nicht in Stein gemeißelt, sondern sehr wohl veränderbar ist, und wie Befürchtungen á la »Ich schaffe das einfach nicht, weil …« künftig der Vergangenheit angehören könnten.

Um dieses Konzept zu verstehen und eine erfolgreiche Veränderung vollziehen zu können, ist es notwendig, sich eines bewusst zu machen: Wir Menschen gehen die meisten Probleme völlig falsch an. Gemeinhin läuft unsere unbewusste Strategie nämlich so ab, dass wir das Problem unabsichtlich verstärken, indem wir es zu lösen versuchen. Doch keine Bange, auch das haben wir selbst in der Hand, denn wir können etwas Wunderbares: sogar diesen kontraproduktiven Automatismus verändern und damit gewaltigen Einfluss auf unser weiteres Leben nehmen. Wir sind dazu fähig, mit dem richtigen Know-how und ein paar simplen mentalen Tricks unser Gehirn darauf ausrichten, unsere Physiologie, unser Verhalten und unsere Wahrnehmung grundlegend neu zu gestalten. Damit wird es plötzlich ganz einfach, Erfolg zu haben, und zwar auf sämtlichen erdenklichen Ebenen: Auf einmal werden wir gesünder, überwinden das Korsett unserer alten Persönlichkeit, werden erfolgreicher im Beruf. Und die hier vorgestellte Methode beruht auf Erkenntnissen der Hirnforschung. Es geht demnach nicht um irgendeinen Hokuspokus, dessen Kern an den Haaren herbeigezogen oder nur esoterisch angehauchten Menschen zugänglich wäre! Nein, die Wirkung lässt sich eindeutig durch die Funktion unseres zentralen und peripheren Nervensystems erklären und belegen.

Sie fragen sich nun vielleicht, ob sich so tatsächlich *alle* Probleme lösen lassen. Nein, wir können nicht *alle* Probleme lösen. Aber wir können über *alle* unsere Probleme *hin-*

auswachsen. Und aus einem solchen Grundverständnis entstehen wahrhaftiger Erfolg, persönliches Wachstum und ein umfassendes Wohlgefühl. Eine derartige Entwicklung ist tiefgreifender, nachhaltiger und umfassender als jede Symptombehandlung.

Noch eine Frage, die Sie für sich selbst beantworten können: Sind Sie der Ansicht, dass unsere Gedanken einen wesentlichen Einfluss auf unser Leben haben, dass es nicht egal ist, was wir denken? Vermutlich werden Sie das bejahen, denn wären Sie anderer Meinung, hätten Sie wohl kaum zu diesem Buch gegriffen. Aber haben Sie Ihre Gedanken *heute* schon gezielt auf Ihre Zukunftspläne, Ihr Ziel oder Ihre Vision ausgerichtet? Waren Sie *heute* ein aktiver Gestalter, eine tatkräftige Schöpferin Ihres zukünftigen Lebens? Wenn Sie diese Fragen ehrlicherweise mit »Nein« beantworten müssen, sind Sie in bester Gesellschaft – wie schon in Bezug auf die gescheiterten Vorsätze. Trotzdem ist es schade, wenn Sie nicht bejahen können. Genau das möchten wir ändern: Wir wollen Ihnen zeigen, dass definitiv *alles reine Kopfsache* ist und wie Sie davon profitieren können, was den weiteren Verlauf Ihres Lebens betrifft.

Wenn Sie unser Buch »*Gewinner grübeln nicht. Richtiges Denken als Schlüssel zum Erfolg*« gelesen haben, dann wissen Sie bereits: Die Welt, wie wir sie in unserem Kopf erleben, ist zu neunundneunzig Prozent eine Konstruktion des Gehirns. Die einzige Entscheidungsfrage lautet demnach: Werden wir zum Zuschauer und Opfer oder zum Regisseur und Schöpfer dieser Konstruktion? Tatsache ist: Die meisten Menschen leben weit unter ihren Möglichkeiten. Stellen Sie sich vor, Sie stünden am Ufer und blickten auf das weite Meer hinaus. Sie könnten zwar den Horizont sehen, aber nicht, was sich dahinter verbirgt. Es ist mehr Kraft und Macht in uns, als wir denken, glauben, nutzen. Denn unser Nervensystem kann sich unseren Bedürfnissen maßgeschneidert anpassen. Der Schlüssel dazu liegt im Gehirn, genauer im präfrontalen Cortex – und das Prinzip heißt *zielgerichtete Neuroplastizität.*

Mit diesem Buch begeben Sie sich auf eine Entdeckungsreise in die Entwicklungsfähigkeit Ihres Gehirns und damit in die Wachstumsmöglichkeiten Ihres Geistes. Wir werden Ihnen zeigen, wie Sie die neuronalen Schaltkreise zwischen Ihren beiden Ohren neu programmieren können, um Ihren Kopf als Ausgangspunkt für mentale Stärke zu nutzen. Sie werden feststellen: Nicht nur Bewegung, eine heterogene Umgebung und der richtige Mix aus Abwechslung und Gewohnheit regen das menschliche Hirn an. Wir werden Sie in fünf Phänomene einweihen, die das geistige Wachstum zusätzlich aktiv beflügeln und mit deren Hilfe Sie alles schaffen können, was Sie sich vorgenommen haben. Wenn Sie das Wissen rund um die Fähigkeiten und Vorlieben Ihres Gehirns dann auch noch richtig einsetzen, werden Sie den Weg zu einer besseren, stabileren Gesundheit und richtig starken Persönlichkeitseigenschaften finden – und können damit ab sofort erreichen, was Sie sich wünschen.

Damit wir nicht nur Theorie vermitteln, lassen wir Sie auch an einem praktischen Selbsttest teilhaben, den wir in den »Rollen« *Mentaltrainer Marcus Täuber leitet Methodentesterin Pamela Obermaier an* durchgeführt haben. Dabei geht es inhaltlich darum, sich das regelmäßige, unkontrollierte Naschen abzugewöhnen – eine Angewohnheit, über die viele klagen und die als Synonym für all die kleinen Laster steht, die jeder von uns hat. Formal wird Ihnen dieser Praxistest veranschaulichen, wie Sie mit dem in diesem Buch vorgestellten Konzept konkret vorgehen sollten, damit Ihr persönliches Vorhaben ein von Erfolg gekröntes wird.

Nun, worauf warten Sie noch? Lassen Sie uns beginnen!

Herzlichst,
Marcus Täuber & Pamela Obermaier

High Five! Wir lüften fünf Geheimnisse über unser Gehirn

Werfen wir zunächst einen Blick auf die fünf wichtigsten Fakten rund um unser Gehirn, die uns helfen, zu verstehen, wie wir ticken – damit Sie nach und nach Ihre eigenen mentalen Superkräfte entwickeln können.

Faktum 1: Unser Gehirn liebt Probleme – und deren Lösung

Das menschliche Gehirn ist ein Problemlösungsorgan, ein Spezialist im Erkennen und Lösen von Schwierigkeiten. Es entwirrt und löst leidenschaftlich gern problematische Umstände. Darum hat der Mensch wohl auch die Mathematik entwickelt, denn diese Disziplin folgt klaren Regeln: Lösungen sind entweder richtig oder falsch. So einfach kann das sein! Sehen Sie sich dazu diese zehn Rechenbeispiele an:

2 + 4 = 6
10 + 5 = 15
2 + 8 = 10
10 + 4 = 14
3 + 7 = 10
4 + 3 = 8
10 + 4 = 14

2 + 2 = 4
10 + 10 = 20
3 + 3 = 6

Na, hat Ihr Gehirn gerade Alarm geschlagen? Hat es an einem Punkt dieser Additionen aufgeschrien: »Aber vier plus drei ist doch nicht acht, sondern sieben!« Ja, da haben Sie recht! Außerdem haben Sie sich damit die vorhin genannte Eigenschaft Ihres Gehirns bewusstgemacht und am eigenen Leib erfahren können: Ihr Hirn »liebt« Probleme. Es wird von Abweichungen, Fehlern und Störungen nicht nur irritiert, sondern regelrecht magnetisch angezogen. Wäre das nicht so, gäbe es keinen Bedarf an Kreuzworträtseln, die wir unbedingt bis auf den letzten Buchstaben ausfüllen wollen, und Sudoku wäre sicher nie erfunden worden. Es gäbe auch keine Quiz-Shows, bei denen wir mit den Kandidaten im Fernsehen mitfiebern und die wir in Form von guten, alten Brettspielen wie »Trivial Pursuit« oder als »Quiz-Duell« ganz modern am Handy selbst spielen wollen. Sogar in Abwandlungen des Prinzips rund um das Rätsellösen können wir erkennen, wie wir uns von derlei Dingen herausgefordert fühlen: Uns in Geisterbahnen zu fürchten oder in die Storyline eines Hollywood-Streifens einzutauchen wäre genauso langweilig für uns, wenn unser Gehirn anders ticken würde. All diese Unterhaltungsangebote sind eben interessant und spannend, weil wir unser Gehirn gern in der Abfolge *Problem – Lösung* beschäftigen. Einen Helden – um im letztgenannten Beispiel zu bleiben –, der zunächst noch an der ihm gestellten Aufgabe zweifelt, dabei zu beobachten, wie er eine Schwierigkeit nach der anderen bewältigt, dabei über sich hinauswächst und immer größeren Problemen begegnet, die er nach und nach zu lösen weiß, bis er dem gefährlichsten Gegner gegenübersteht, den er schließlich erfolgreich besiegt, unterhält uns unbestritten. So etwas gefällt unserem Gehirn einfach!

Aber Achtung: Die Krux mit dem Problem ist leider, dass wir durch den Umstand, unbewusst quasi immer und überall nach Ungereimtheiten zu suchen, leicht in die Stressfalle und den Überlebensmodus kippen. Sie kennen diesen Teufelskreis womöglich aus Liebesangelegenheiten – egal ob aus den eigenen oder jenen von Freunden: Da ist jemand frisch verliebt, die Beziehung befindet sich am Anfang, und wenn ein Part dem anderen mitteilt, er brauche ein bisschen mehr Zeit für sich, wird das vom anderen sogleich als Alarmsignal gewertet. In solchen Situationen vergisst der Betroffene, auf die vielen positiven Signale zu achten, nimmt nur mehr dieses für ihn negativ belegte wahr und treibt sich auf diese Weise regelrecht in einen Sog aus Verlustängsten. Das ist die unangenehme Nebenwirkung dessen, dass wir uns so von Schwierigkeiten angezogen fühlen. Mit unserem Fokus im Problem zu verweilen, lässt uns allerdings rasch wie in einem Sumpf in ihm versinken. Unser Gehirn liebt nämlich nicht nur das Problem, sondern auch die Lösung dazu. Darum muss unser Held auf der Leinwand eben als Sieger und durchwegs verändert, nämlich in einer besseren Version seiner selbst, aus seiner Geschichte hervorgehen. Denn – so platt es uns erscheinen mag: Nur ein Happy End macht uns tatsächlich happy. Das wird womöglich der Grund dafür sein, warum nicht jeder ein Fan von französischen Kunstfilmen ist, in denen das Problem nicht gelöst wird, sondern der Ausgang der Story offenbleibt …

Wer nun im realen Leben ein persönliches Problem angehen möchte, ist demnach gut darin beraten, es von außen, von einer Metaebene aus, zu betrachten: es zu beobachten, ohne es gleich zu bewerten, um dadurch den Blick für das Ganze zu erhalten und die passenden Strategien für einen Lösungsansatz zu erkennen. Im Falle der oben beschriebenen Szene einer frischen Liebe würde das bedeuten, der von Verlustängsten geplagte Teil des jungen Paares täte gut daran, neu zu fokussieren, um bewusst das Positive erkennen zu können. Hilfreich ist dabei, nicht nur den gewünschten Freiraum aus einer gewissen Distanz zu betrachten, sondern ihn auch gleich neu zu werten. Denn Freiraum ist nichts Negatives – ganz im Gegenteil lebt eine Liebesbeziehung von der Abwechslung zwischen Nähe und Distanz. Sich seiner eigenen Gedanken und Gefühle in Bezug auf die Problematik bewusst zu werden, ist obendrein der erste Schritt zu echter Veränderung! Es geht letztlich darum, eine Schwierigkeit weder zu ignorieren noch sich in ihr zu verlieren, sondern eine gewisse Distanz zu ihr zu wahren.

Faktum 2: Aufmerksamkeit ist ein knappes Gut

Nehmen Sie nun bitte Ihr Smartphone zur Hand oder setzen Sie sich kurz an den Computer, geben Sie auf YouTube »Colour Changing Card Trick« ein und schauen Sie sich sowohl an, was Richard Wiseman mit seiner Assistentin Sarah vorführt, als auch das Making-of davon, um zu sehen, wie er die Finte anschließend auflöst!

Na, hätten Sie diesen Trick entlarvt? Was zeigt er uns? Genau, er demonstriert, wie beschränkt unsere Aufmerksamkeit in Wahrheit ist: Weil unser Fokus auf der gezogenen Karte liegt, bekommen wir nicht mit, was rundherum geschieht, haben keinen Blick dafür, dass die Oberbekleidung (und mit ihr die Farbe) genauso getauscht wird wie das Tischtuch und der Hintergrund der Szenerie.

Für die meisten ist dieses Video eine regelrechte Offenbarung. Apropos: Falls Sie gerade eine analoge Armbanduhr tragen, schauen Sie jetzt bitte *nicht* auf sie, sondern sagen Sie spontan, welche Art von Ziffern Ihre Uhr hat, wie das Ziffernblatt aussieht und wie die Zeiger konkret gestaltet sind!

Vermutlich werden Sie mit dieser Aufgabe Ihre Mühe gehabt haben, richtig? Obwohl Sie bestimmt schon hunderte oder gar tausende Male auf Ihre Uhr gesehen haben, stellt sich demzufolge die Frage: Haben Sie je *wirklich* hingeschaut? Macht nichts – holen Sie das doch einfach jetzt nach! Und dann können Sie gleich weiterlesen … Ach ja, weil Sie gerade auf die Uhr geschaut haben – wie spät ist es eigentlich?

Kann es sein, dass Sie bei dieser Aufgabe ebenfalls so Ihre Probleme hatten? Irritiert oder frustriert Sie das? Das wollen wir freilich nicht. Derlei kleine Experimente sollen lediglich auf eine möglichst einleuchtende Weise ein weiteres Phänomen über unser Gehirn preisgeben, nämlich jenes über die Tatsache, dass unser aller Aufmerksamkeit ein äußerst knapp bemessenes Gut ist. Unser Fokus ist wie eine Taschenlampe, mit der wir auf einen bestimmten Punkt an einer Wand leuchten. Der komplette Raum rundherum bleibt währenddessen im Dunkeln für uns – und das zeigt, wie hoch der Anteil am Unbewussten ist, wenn wir uns auf eine bestimmte Sache konzentrieren. In Stresssituationen verringert sich darüber hinaus unser Fokus, also können Sie sich vorstellen, was das bedeutet.

Recht ähnlich ergeht es uns übrigens mit Problemen: Wenn wir mit einem konfrontiert sind, sehen wir nicht mehr, was rund um dieses Problem passiert, weil wir unsere Aufmerksamkeit voll und ganz auf die Schwierigkeit an sich lenken. Zunächst erscheint das womöglich schockierend, aber wir können natürlich bestimmen, wohin die Taschenlampe leuchtet und ihren Winkel bewusst verändern, um wahrzunehmen, was das Problem umgibt. Wer etwa unter einem Knieschmerz leidet, kann sich helfen, indem er seinen Fokus äußerst bewusst nicht auf das Wehleiden richtet, sondern stattdessen in das komplette Bein hineinzuspüren versucht. So wird erkennbar, dass der Schmerz lediglich ein kleiner Teil des Ganzen ist – und sich die »Umgebung« des betroffenen Körperteils dennoch entspannt und gelöst anfühlen kann. Das ist auch keine allzu schwierige Übung, da jene

Bereiche im Gehirn, die für die Aufmerksamkeit zuständig sind, durchaus nahbar sind. Mit diesem Wissen können wir steuern, wohin unser Fokus gehen soll und so nicht nur unseren Blickwinkel, sondern auch uns selbst verändern.

Faktum 3: Die Wahrnehmung bildet unsere Realität

Wahrscheinlich haben Sie bereits Erfahrungen mit optischen Täuschungen gemacht. Sehen Sie sich zur Erinnerung daran doch mal folgende Linien an:

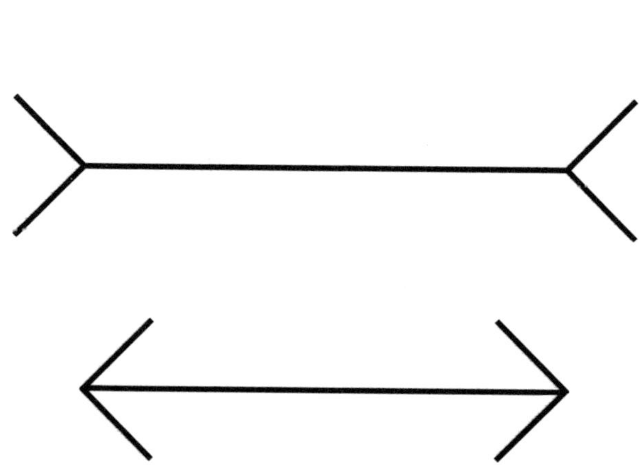

Worum geht's hierbei? Die beiden Linien sind gleich lang. Doch ein paar Pfeilspitzen verändern unsere Wahrnehmung gewaltig: Mit ihnen wirken sie auf einmal unterschiedlich lang. Normalerweise erschöpft sich die Erklärung darin, dass dies eben optische Täuschungen sind. Wir geben uns damit meist zufrieden und hinterfragen die Mechanismen nicht weiter. Doch was steckt dahinter? Es ist so: Wir wachsen in Wohnungen oder Häusern mit bestimmten Winkeln und Perspektiven auf, anhand derer wir lernen, Entfernungen, Längen und Größen abzuschätzen. Eine Konsequenz dieser Erfahrung ist diese optische Täuschung, die als Müller-Lyer-Illusion bekannt ist und verdeutlicht, dass zwei exakt gleich lange Linien auf uns wirken können, als wären sie von komplett unterschiedlicher Länge. Das hat damit zu tun, wie regelmäßig und häufig Menschen in ihrem Alltag mit Winkeln und Geraden konfrontiert werden. Anders gesagt ist die Sichtweise bei manchen optischen Täuschungen unmittelbar vom kulturellen Background und der Lebensweise des jeweiligen Betrachters abhängig. So zeigten der Evolutionswissenschaftler Joseph Henrich und seine Kollegen im Jahr 2010 in einer kulturvergleichenden Studie, dass diese Täuschung nur bei Personen auftritt, in deren Lebensalltag zahlreiche gerade Linien vorkommen. Für Mitglieder des afrikanischen San-Volkes besteht diese optische Täuschung hingegen nicht, denn sie wachsen in runden Lehmhütten auf, in denen es keine geraden Linien gibt. Das führt dazu, dass Angehörige dieser ethnischen Gruppe die Grafik von den beiden Linien so erkennen, wie sie tatsächlich ist: als zwei gleich lange Geraden. Bei vielen anderen Volksgruppen auf der Welt ist dieser Effekt ebenfalls höchstens minimal feststellbar, während wir Menschen des westlichen Kulturkreises der betreffenden Täuschung am stärksten erliegen. Wir sehen: Unsere Wahrnehmung, also das, was wir für »wahr nehmen«, ist nichts anderes als eine Folge unserer bisherigen Erfahrungen.

Auf diversen Social-Media-Plattformen beflegeln und beschimpfen die Menschen einander seit geraumer Zeit aufgrund ihrer unterschiedlichen politischen Haltungen recht heftig. Weil jeder in seiner individuellen kleinen Welt lebt, andere Erfahrungen gemacht hat, wirkt die Wahrnehmung des anderen oftmals völlig unverständlich. Auch der Presse gegenüber äußern viele immer häufiger ihr Misstrauen, was die Objektivität betrifft – und das zurecht, da die sozialen Medien diesbezüglich einiges verändert haben. Immerhin kann auf diesen Plattformen jeder die Rolle eines Journalisten einnehmen und mit subjektiv gefärbten und gewichteten Postings ein Massenpublikum erreichen, was sich als durchaus problematisch erweisen kann. Ob manche Nachrichten aufgeblasen oder gar erfunden sind, sei dahingestellt – eines ist allerdings sicher: Unser Gehirn produziert ständig Fake News! Wir sehen die Welt nicht so, wie sie tatsächlich ist, sondern so, wie *wir* sind. Und darin liegt ein springender Punkt: Da wir unsere Umgebung aus der Vergangenheit heraus konstruieren, scheitern die meisten von uns auch am Vorhaben der Veränderung. Warum das so ist? Weil wir für gewöhnlich direkt von der Vergangenheit in die Zukunft wollen. Hinter diesem Umstand steckt die Eigenschaft unseres Gehirns, Regelmäßigkeiten und Prinzipien finden zu wollen. Dieses Phänomen wird »Induktion« genannt und geht derart vor sich, dass wir aus Einzelfällen der Vergangenheit Verallgemeinerungen basteln und meinen, die Zukunft bereits zu kennen: »Das ist immer so!« Erst wenn wir das durchschauen, können wir der kleinen Provinz in unserem Kopf entfliehen und neue Perspektiven einnehmen. Mehr noch wird dann möglich: Wir können unter diesen neuen Vorzeichen unsere Wahrnehmung gezielt verändern und auf diese Weise neue Reaktionen im Gehirn hervorrufen.

Faktum 4: Unser Gehirn ist sozial

Vorbei sind die Zeiten, als die Menschheit an »egoistische Gene« geglaubt hat – auch wenn diese Vorstellung noch gar nicht allzu lange zurückliegt: Noch 1976 meinte der britische Evolutionsbiologe Richard Dawkins, die Evolution beruhe auf einem Wettstreit von Individuen und es stehe dabei nicht die Art oder Sippe im Vordergrund, sondern das einzelne Lebewesen mit seinen Genen. Evolutions- und Hirnforscher sind sich inzwischen allerdings einig: Wir Menschen sind höchst soziale Wesen. Naturgemäß kann dieses Soziale durch Verletzungen – vor allem in der frühkindlichen Bindungsphase – gehörig ge- oder gar zerstört werden, aber das ändert nichts an unserer Veranlagung an sich.

Diese Gegebenheit zeigt sich recht gut im »Ultimatumsspiel«. Es geht so vor sich: Spieler A bekommt fiktive hundert Euro. Die betreffende Person kann Spieler B – jenem Mitspieler links von ihr – einen beliebigen Teil davon anbieten: einen Euro, neunundneunzig oder einen dazwischenliegenden Betrag. Spieler B kann diesen Deal annehmen oder ablehnen. Nimmt er das Angebot an, so wird entsprechend geteilt. Lehnt er aber ab, kriegt keiner der beiden etwas von dem Geld. Probieren Sie es doch einfach mal in einer Gruppe aus! Sie werden sehen: Der Großteil wird die fiktive Summe gerecht teilen wollen, sodass jeder die Hälfte davon bekommt. Manchmal jedoch beansprucht und verlangt Spieler A mehr als die Hälfte für sich selbst: Deals von sechzig zu vierzig oder siebzig zu dreißig kommen immer wieder vor und gehen auch häufig noch durch. Was passiert aber, wenn Spieler A zu viel fordert, also beispielsweise achtzig Prozent vom Kuchen? So etwas geht fast nie durch! In derlei Fällen lehnt der jeweilige Spieler B meistens ab und der Handel scheitert, weil ein Ablehnen eben bedeutet, dass keiner etwas bekommt.

Warum ist das so? Aus welchem Grund verzichten wir

Menschen lieber komplett auf einen Gewinn, als einem Gegenspieler das große Geld zu gönnen, obwohl wir so auch ein bisschen etwas bekommen würden? Weil unser Gehirn nach Fairness und Gerechtigkeit sucht. Im Umkehrschluss bedeutet das, wenn wir uns unfair behandelt fühlen, schalten wir unbewusst auf Bestrafung für dieses Verhalten. Das heißt: In solchen Situationen freut sich unser Gehirn mehr darüber, dass Spieler A gar nichts erhält, als dass wir selbst mit mickrigen zehn von hundert Euro zurückbleiben, während der andere mit seiner dreisten Forderung nach neunzig Euro durchkommt. Was auf den ersten Blick nach einer Mischung aus Schadenfreude, Habgier und der Unfähigkeit, jemand anders so viel mehr zu gönnen als uns selbst, aussieht, ist Teil unseres durchaus sinnvollen evolutionären Systems, das dafür sorgt, dass es nicht zu viele Egoisten innerhalb einer Gruppe gibt. Es geht außerdem erwiesenermaßen um etwas rein Zwischenmenschliches, denn wäre es ein Computer, der uns zehn von neunzig Euro anbieten würde, würden wir auch einen solchen eher miesen Deal annehmen.

In eine ähnliche Kerbe schlägt der Rosenkrieg: Die Genugtuung, dem anderen zu schaden und ihm nichts zu zuzugestehen, sticht tatsächlich in vielen Fällen den eigenen Nutzen – obwohl das auf den ersten Blick unlogisch anmutet. In diesen Fällen wird das Gehirn mit dem Ergebnis, dass der andere nicht gewinnt und nichts bekommt, belohnt. Das menschliche Hirn strebt nun mal immer nach Belohnung, und der Gerechtigkeit entsprechend ist das Verlieren des anderen eine attraktivere Belohnung, als selbst Besitz oder Geld einzuheimsen.

Dieses Prinzip hat natürlich im Sales-Bereich grobe Auswirkungen, denn wenn uns ein Verkäufer nicht sympathisch ist, kann das von ihm angebotene Produkt noch so reizvoll für uns sein – wir werden es wahrscheinlich trotzdem nicht kaufen. Zumindest werden wir es dem betreffenden Anbieter nicht abkaufen, weil wir ihm den Erfolg einfach nicht gönnen. Sie sehen schon: Hier geht es nicht um Logik, sondern um Psychologie.

Faktum 5: Stress verändert unser Gehirn

Stellen Sie sich folgende Szenerie vor: Sie sitzen in einem Auto und selbiges rollt einen Abhang hinunter. Der Motor ist abgewürgt, das Lenkrad blockiert – es gibt nicht mehr viel, das Sie tun könnten, Sie sind der Situation gänzlich ausgeliefert und werden in Ihrem Schicksal fremdgesteuert. Keine angenehme Vorstellung? Dann merken Sie sich das am besten, denn ähnlich geht es Ihrem Gehirn, wenn es unter starkem Stress steht!

Wir haben uns dem Stress in »*Gewinner grübeln nicht*« bereits ausführlich gewidmet und den Mythos vom »guten Stress« entzaubert: Er ist lediglich ein weit verbreitetes Ammenmärchen. Um das an dieser Stelle nochmal zu versinnbildlichen: Selbst wenn wir einen an sich schönen Zustand wie das Verliebtsein dauerhaft erleben würden, wäre das für unser Herz-Kreislauf-System belastend und würde uns faktisch schaden.

Das Einzige, was für uns Menschen funktioniert, sind gut portionierte akute Stresserlebnisse. Lediglich und ausnahmslos diese Art von Stress kann das Salz in der Suppe des Lebens sein. Ab und zu für ein neues Projekt ein paar Überstunden zu machen und sich dafür so richtig ins Zeug zu legen ist dabei völlig in Ordnung, *wenn* wir uns danach Zeit für Erholung nehmen. Dadurch gewinnen wir langfristig an Kompetenz. Auch ein negatives Erlebnis wie der Zustand des Liebeskummers kann zunächst äußerst belastend sein, aber einmal überwunden – und von Erholung und Reflexion begleitet – vermag uns eine solche Erfahrung für neue Begegnungen stärker zu machen. Derartige Episoden sind wie Hanteln, mit denen wir unsere physischen Muskeln aufbauen. Aber auch dieser Vorgang ist nur erfolgsgekrönt, wenn wir unserem Muskeltraining Erholungsphasen folgen lassen. Dauerhafter Stress ist hingegen immer schädlich, sogar wenn wir ihn zunächst nicht als solches empfinden, ihn positiv belegen, gar nicht bemerken oder einfach nicht wahrhaben wollen. Immer wieder gibt es Fälle, in denen Leute von sich erzählen, der Stress im Job würde sie pushen, sie *bräuchten* das und er wäre gut für sie und ihre Leistung. Glauben Sie uns: Langfristig ist das aber nie so – irgendwann geht der Stress jedem an die Nieren und manch einer rutscht als Folge ins inzwischen weit verbreitete Burn-out.

Seien Sie sich deshalb bitte dessen bewusst, dass Dauerfeuer Ihr Gehirn massiv verändert – und das nicht in die gewünschte Richtung! Auch Ihr Körper wird davon in Mitleidenschaft gezogen, wenn Sie ständig im *Über*lebensmodus statt im Lebensmodus agieren. Der zweitgenannte ist die Grundlage für Gesundheit und Glück. Und darum werden wir uns dieses Themas gleich intensiv annehmen.

Mensch, ändere dich!

»Der wird sich nie ändern!« Ist das ein Ausspruch, den Sie schon einmal gehört haben? Oder haben Sie vielleicht sogar selbst einmal die Feststellung »Sie fällt einfach immer auf den selben Typ Mann rein!« gemacht? Es stimmt natürlich: Wir sind im goldenen Käfig unserer Muster gefangen, die mit uns machen, was sie wollen, solange wir das nicht erkennen und das Ruder rumreißen. Genau das werden wir mit diesem Kapitel allerdings machen: erkennen, aus dem Käfig ausbrechen, Veränderungen angehen!

Wissen und Argumente sind nicht der Schlüssel zum Erfolg

Die Menschheit hat lange geglaubt, Wissen sei insofern Macht, als wir durch Bildung begreifen würden, wie die Welt funktioniert. Demzufolge müssten wir mit stichhaltigen Argumenten dafür sorgen können, dass Menschen sich in ihrem Verhalten ändern. Zu wissen, dass uns Zucker süchtig macht, dass Tabak gesundheitsschädlich ist oder dass zu wenig Bewegung krank machen kann, hat allerdings lange nicht in allen uns bekannten Fällen dafür gesorgt, dass die Betroffenen damit aufhören wollten, zu naschen, zu rauchen oder sich angewöhnen konnten, regelmäßigen Sport in ihren Alltag zu integrieren. Viele von uns kennen »Genussraucher«, die sich weiterhin eine Zigarette nach der anderen anstecken, obwohl sie längst an Asthma oder gar Lungenkrebs leiden, oder eine verharmlosend bezeichnete »Naschkatze«, die sich regelmäßig einen Berg Süßigkeiten »gönnt«, trotzdem sie bereits die Diagnose »Diabetes mellitus« erhalten hat. Das zeigt uns klar und deutlich: Argumente allein reichen nicht aus! Wenn wir etwas einsehen, heißt das noch nichts – es bedeutet nicht automatisch, dass wir die Dinge ab diesem Erkennen und Einsehen anders angehen.

Der Bildungsoptimismus weist demnach Lücken auf, weil Einsicht, Wissen und Wollen nicht zwangsläufig dazu führen, dass Menschen ein neues, besseres Verhalten an den Tag legen wollen und können. Ratschläge wie »Vergiss deinen Ex – er hat dir ohnehin nicht gutgetan!« oder »Hör mit dem Rauchen auf, denn es schadet dir auf lange Sicht!« sind zwar weitestgehend gut gemeint, helfen aber wenig.

Sie kennen bestimmt diese Schocksprüche, die seit einigen Jahren auf Zigarettenpackungen stehen: »Rauchen ist tödlich. Hören Sie jetzt auf!« etwa. Die Absicht dahinter mag wie beim Tipp eines guten Freundes eine löbliche sein, aber auf diese Art ist das nun mal nicht hirngerecht verpackt, weil es nur oberflächlich wahrgenommen wird, aber die tiefliegenden Emotionen nicht damit erreicht werden – weshalb es letztlich keinerlei Einfluss auf den Verbraucher hat. Oder kennen Sie einen einzigen Raucher, der aufgrund dieser Warnhinweise keine Zigaretten mehr kauft? Die Fotos über oder unter den Sprüchen alarmieren und verstören da schon eine Spur stärker, aber gehirnoptimiert wäre es erst, jeden individuell anzusprechen und dort abzuholen, wo es ihn trifft – was im Fall von Zigarettenschachteln freilich nicht möglich ist. Denn zunächst müsste der Irrglaube aus dem Weg geräumt werden, Rauchen wäre eine Sucht. Es ist vorrangig eine Gewohnheit! Und als eine solche können wir damit aufhören. Wenn Raucherinnen schwanger werden, gelingt ihnen das, was davor kaum zu schaffen war, in den meisten Fällen recht schnell. Warum? Weil die Motivation groß genug ist! Das eigene ungeborene Kind zu schützen, ist ein Riesenmotivator, um sich diese schlechte Angewohnheit endlich abzugewöhnen. Wenn Raucher erkennen, dass die Gründe, deretwegen sie einst damit begonnen haben, sich regelmäßig eine Zigarette zu genehmigen, nicht mehr aktuell sind, begreifen sie, dass sie diese Gewohnheit im Hier und Jetzt nicht benötigen. Den Rest erledigen Suggestionsformeln, wie wir sie später, im Kapitel mit dem Selbsttest in Bezug auf das Naschen, kennenlernen werden. Nur kurz gesagt: In der Regel ist es stimmig, das Rauchen durch Entspannungsübungen zu ersetzen – denn dabei wird ja wie beim Rauchen auch tief geatmet.

Derartige Veränderungen geschehen nun mal nicht durch Kognition, also durch Wahrnehmen und Erkennen, sondern durch Emotion. Darum kann ein neues Verhalten nur von inneren Motiven ausgelöst entstehen, was wiederum bedeutet: Wir müssen mit unserem Charakter und unseren Wesenszügen kooperieren, anstatt gegen sie anzukämpfen. Was bringt uns demnach dazu, ein Verhalten dauerhaft zu ändern?

Sehen wir uns zunächst mal drei Strategien an, die garantiert *nicht* zum Erfolg führen:

- *Appell an Einsicht:* »Vergiss deine Ex – sie hat dich sowieso nur schlecht behandelt!«, »Geh regelmäßig laufen – das ist gut für die Figur!«, »Nimm einen Schal, damit du dich nicht erkältest!«, »In der Großstadt brauchst du doch keinen SUV – da reicht ein kleiner Wagen!« Derartige Ratschläge zeigen: Gute Sachargumente und vernünftige Begründungen sind beliebte Mittel, um Menschen positiv zu beeinflussen. Sie bringen aber nicht viel. Ein Großteil der Verkäufer versucht etwa mithilfe von Zahlen und Fakten, den Konsumenten ihr Produkt schmackhaft zu machen. Aber auch der entflammte Verehrer bemüht sich, seiner Angebeteten mit Argumenten klarzumachen, warum nur er der Richtige für sie wäre. Und genauso klärt der Arzt seine Patienten darüber auf, warum das von ihm verschriebene Medikament regelmäßig eingenommen werden muss. In der Realität führt dieser Ansatz jedoch in die neuronale Sackgasse: Unser Gehirn verfügt über viele Autobahnen von unten nach oben – von der Emotion in die Kognition –, aber über nur wenige, noch dazu steinige Wege von oben nach unten – von der Kognition in die Emotion. Um das besser nachvollziehen zu können, stellen Sie sich unser Gehirn am besten als den viel zitierten Eisberg vor: Seine Spitze über der Wasseroberfläche ist unser bewusster Verstand und unter dem Wasser ist unser Unbewusstes verborgen. Dort sitzen unsere Motivation und unsere Emotion. Wenn oben ein Windhauch von links nach rechts weht und sich die Strömung unten von rechts nach links bewegt – in welche Richtung wird der Eisberg dann schwimmen? Exakt: Es ist die Strömung, die uns bewegt! Die Spitze wird durch die gewaltige Masse darunter in eine bestimmte Richtung geschoben und nicht umgekehrt. Und mit uns Menschen ist es genau dasselbe: Unsere Einsicht ist für sich kraftlos und weist keine direkte Verknüpfung mit unserer Emotion auf. Aus diesem Grund muss eine Einsicht immer mit einer emotionalen Regung verknüpft werden. Der Arzt sollte mit seinem Patienten das Warum klären: Welchen Nutzen hat der Patient konkret, wenn er das Medikament einnimmt? Es könnte sein, dass er einen (weiteren) Herzinfarkt verhindern möchte, um seine Enkel aufwachsen zu sehen. Der Betroffene muss den Vorteil, der aus seiner Verhaltensänderung resultiert, spürbar erleben.

- *Befehl mit Strafandrohung:* Der Chef instruiert etwa: »Erledigen Sie das, sonst kann ich Ihnen nicht garantieren, dass Sie Ihren Job behalten werden!« oder die Mutter droht mit Handyentzug, wenn das Kind sein Zimmer nicht ordentlich aufräumt. In manchen Fällen wirkt eine solche Drohung einschüchternd. Das engt das Verhalten aber ein, was kontraproduktiv ist. Etwas Derartiges kennen wir sicher alle – ob nun von der Rolle des Befehlenden oder desjenigen, der die Instruktion erhalten hat. Wir wissen daher recht genau: Erledigt wird das Verlangte nur, weil es getan werden muss, aus einem Zwang heraus, allerdings ohne innere Lust daran. Unser Verhalten in diesem Fall ist folglich vergleichbar mit einer Dressur. Außerdem lässt die Wirkung schnell nach, weshalb zunehmend häufiger und stärker gedroht werden muss. Fazit: Durch eine Bedrohung kann zwar schnell etwas bewirkt werden, aber sie kratzt nur an der Oberfläche des anderen, bringt keine echte Veränderung. Außerdem engt dieses Vorgehen unser Verhalten ein – die Lösungskompetenz nimmt ab.

- *Bestrafung:* Mit ihr verhält es sich ähnlich wie mit der Strafandrohung: Sie hat stets nur eine vorübergehende Wirkung. Zudem wird sie so gut wie immer als ungerecht empfunden und weckt noch dazu den Drang nach Rache. Die meisten Menschen stumpfen Bestrafungen gegenüber ab oder stellen sich auf sie ein, versuchen, der Bestrafung zu entgehen und beginnen zu faken, zu lügen, zu vertuschen. Mit anderen Worten: Bestrafung ist kein langfristig sinnvolles Konzept für echte Veränderungen.

Nachdem wir nun gesehen haben, was *nicht* funktioniert, stellt sich die Frage, was erfolgversprechend ist. Die Antwort ist verblüffend einfach und doch hochgradig komplex:

- *Belohnung und Aussicht auf Belohnung:* Diese beiden Strategien sind die wirksamsten in Bezug auf eine

Verhaltensänderung. Richtiges Belohnen ist allerdings eine komplizierte Angelegenheit, denn jede x-beliebige Belohnung führt keineswegs zum gewünschten Erfolg.

Es gibt im Grunde drei verschiedene Belohnungsarten:

- Materielle Belohnungen: Lohn, Gehaltserhöhung, Prämien, Boni und Privilegien
- Soziale Belohnungen: Lob und Anerkennung durch Vorgesetze, Kollegen und Mitarbeiter, Auszeichnungen, Titel, soziale Privilegien
- Intrinsische Belohnungen: Freude am Gelingen, Selbstbestätigung, Verwirklichung eigener Fähigkeiten, Selbstwirksamkeit, das Gefühl, besser zu sein als andere, die Überzeugung, an einer wichtigen Sache mitzuarbeiten

Klingt nachvollziehbar und einfach? Ja, vielleicht auf den ersten Blick. Aber wenn wir genauer hinsehen, wird uns auffallen, dass das Belohnungssystem schnell an seine Grenzen stößt. Wir haben bereits besprochen: Langfristige Veränderung funktioniert nur über die Persönlichkeit, über unbewusste Motive und bewusste Ziele. Wenn Eltern, Lehrer und Firmenchefs das durchschauen und anders angehen, dann merken sie schnell: Belohnungen bringen nicht viel. Eine Belohnung materieller Natur in Form von Gehaltserhöhungen oder anderen finanziellen Privilegien büßt nämlich bei Wiederholung immerhin fünfzig Prozent in ihrer Wirkung ein. Deshalb wird die materielle Belohnung in der Praxis oft ständig gesteigert, bis ein »Deckeneffekt« eintritt und noch höhere Belohnungen keine weitere positive Auswirkung mehr haben. Wenn auch die erste Prämie noch pushen mag, so lässt dieser Effekt stark nach, wenn es um die zweite, dritte oder gar vierte geht. Das bedeutet konkret, dass die nächste Prämie mindestens doppelt so hoch sein müsste wie die erste, damit sie erneut einschlagen würde. Das liegt an der überaus menschlichen Gier, die uns allen innewohnt und durch die wir immer mehr wollen und darum sogar fast enttäuscht sind, wenn unsere Erwartung erfüllt, aber eben nicht übertroffen wird. Und was glauben Sie, ist los, wenn eine materielle Belohnung als Sonderanreiz wieder rückgängig gemacht wird? Richtig: Der Verlust wirkt wiederum doppelt so stark wie die Belohnung. Fünfhundert Euro zu verlieren wiegt darum gefühlt gleich, wie tausend Euro zu bekommen. Wir sehen schon: Das mit der materiellen Anerkennung funktioniert nicht so richtig, um Menschen dauerhaft zu motivieren.

Ähnlich steht es um Belohnungen sozialer Natur, denn Lob, Anerkennung, Auszeichnungen oder Titel lassen in ihrer Wirkung ebenso nach, wenn auch eine Spur langsamer als Gehaltserhöhung und Prämienaussicht. Je häufiger gelobt oder ausgezeichnet wird, desto schneller verlieren diese Maßnahmen ihre Bedeutung. Anders gesagt: Wird Lob durchschaubar, ist es nicht mehr viel wert. Hinzu kommt, dass die »verdiente« Auszeichnung von Mitarbeitern problematisch sein kann, weil sie automatisch Neid und Missgunst bei den Kollegen des Ausgezeichneten hervorruft. Deshalb ist es unumgänglich, auf Transparenz und Gerechtigkeit innerhalb der Kriterien des Bewertungsprozesses zu achten.

Die einzige Belohnung, von der wir nie genug bekommen können, die nicht in »Sättigung« geht, ist die intrinsische: Freude am Gelingen und die Selbstbestätigung der eigenen Fähigkeiten bilden damit das einzig Wahre, wenn es um andauernde Motivation und nachhaltige Veränderung geht. Verständlicherweise kann man das Intrinsische nur füttern, wenn man die Individualität des betreffenden Menschen berücksichtigt und gut kennt. Den Weg dorthin muss eine Führungskraft, ein Lehrer oder ein Elternteil darum zusammen mit dem Betroffenen finden. Übrigens: Damit die intrinsische Belohnung bestmöglich gelingen kann, müssten Arbeitsstellen den jeweiligen Personen angepasst werden und nicht umgekehrt.

Als Vorgesetzte oder Geschäftsführer sollten Sie diese Gegebenheiten im Hinterkopf haben, um Ihre Mitarbeiter an der Stange zu halten. Am besten sorgen Sie für den Wohlfühlfaktor in Ihrem Unternehmen, indem Sie Spaß und Freude an der Arbeit nicht unterdrücken oder negativ belegen und etwaige Veränderungen mit motivierenden, positiven Worten ankündigen, damit gar nicht erst Frustration oder Angst aufkommt. Wir wissen von einem britisch-schwedischen Unternehmen, das die Stellen um seine Belegschaft »herumgebastelt« und das damit vorbildlich gelöst hat: Im Zuge einer Umstrukturierung wurden die Funktionen den Mitarbeitern und deren Stärken angepasst, was astrein funktioniert hat.

Der britisch-US-amerikanische Unternehmensberater Simon Sinek empfiehlt in seinen Trainings, stets mit der Beantwortung der Frage »Warum?« zu beginnen, weil wir Menschen anderen wesentlich motivierter folgen, wenn wir ähnliche Absichten haben. Für Führungskräfte bedeutet das im Klartext, dass sie ihre Visionen mit den Mitarbeitern teilen sollten, um Gemeinsamkeiten zu identifizieren. Wenn Sie umgekehrt selbst in der Rolle des Arbeitnehmers oder der Angestellten sind, tun Sie gut daran, sich darauf zu konzentrieren, die lodernde Flamme der intrinsischen Beweggründe zu füttern.

Schwimmer versus Nichtschwimmer

Können Sie schwimmen? Die meisten würden vermutlich antworten: »Ja, klar!« Aber können Sie *wirklich* schwimmen? Damit ist nicht gemeint, dass Sie sich im Hallenbad, im Meer oder im See über Wasser halten können und sich von A nach B abstrampeln, sondern dass Sie sich effektiv, energiesparend und womöglich sogar elegant durchs Wasser bewegen. Der Unterschied ist schnell erklärt: Für einen Spitzensportler, wie es der deutsche Schwimmstar und einundzwanzigfache Titelgewinner Michael Groß war, ist das Wasser kein Feind oder Widerstand – ganz im Gegenteil wird jemand wie er eins mit dem flüssigen Element.

Doch diesen Idealzustand erreichen wenige. Mit unserem Alltag verhält es sich ähnlich: Gefangen im Hamsterrad von Schule, Ausbildung oder Job leben wir meistens nicht richtig – wir *über*leben lediglich. Die Parameter sind auch teilweise bedrückend: Viele von uns haben zumindest den subjektiven Eindruck, vierundzwanzig Stunden am Tag und sieben Tage pro Woche erreichbar sein zu müssen – manche haben auch tatsächlich Chefs, die das erwarten und die Stressfalle dahinter nicht richtig einschätzen. Für wieder andere ist diese dauernde Erreichbarkeit etwas, das sie mit Wertschätzung gleichsetzen, da sie sich dadurch »wichtiger«, weil gebraucht fühlen. Zusätzlich sind wir ständigem Leistungs- und Zeitdruck ausgeliefert. Von der Schule bis zur Pension – man könnte in unserer westlichen Gesellschaft durchaus den Eindruck gewinnen, als wären wir nie gut genug: zu wenig brav, zu wenig fleißig, zu wenig schlank, zu wenig schön, zu wenig klug, zu wenig reich, zu wenig ehrgeizig. Jedenfalls wirkt es so, denn warum sonst sollten viele von uns schier ununterbrochen Leistungsdruck spüren, was das Erreichen diverser Ziele betrifft, die teilweise nicht mal den eigenen Ideen entsprungen sind, sondern vom Umfeld eingetrichtert wurden. Unser Gehirn und unser Körper stehen deshalb unter Dauerfeuer und wir fühlen uns ständig wie unter Strom. Das wiederum hat teils fatale Folgen für unsere psychische wie physische Gesundheit.

Eine zusätzliche Erschwernis in unserer Gesellschaft verursacht der Sachverhalt, dass wir unser Leistungsvermögen oft nicht nur mit unserem Tun gleichstellen, sondern auch mit unserem Sein. Das ist natürlich völlig falsch angesetzt: Man ist noch lange nicht dumm, wenn etwas nicht gelingt, noch lange nicht unfähig, wenn man mit einem Vorhaben scheitert, und auch kein anderer Mensch, wenn man den Beruf wechselt. Die unheimliche Macht unserer Sprache ist uns in diesem Fall nicht gerade eine Hilfe, denn die Formulierung »Ich bin Bäcker« – statt zu sagen: »Ich backe Brötchen« – macht unsere berufliche Funktion zu unserer Identität. Oder anders gesagt fühlen sich Menschen, die sich »als Bäcker« sehen – anstatt als jemand, der beruflich Backwaren herstellt – so stark mit diesem Berufsbild verbunden, dass es schwierig wird, das zu verändern. Aus diesem Grund ist es kein Wunder, dass es sich wie zu ertrinken und damit wie ein kleiner Tod anfühlt, wenn man seinen Job verliert oder auch nur die Position innerhalb einer Firma verändern soll. In früheren Jahrhunderten war diese Sichtweise notwendig und gut, denn damals ging es darum, sich einer Klasse oder Zunft zugehörig zu fühlen. Zu diesen Zeiten war jemand tatsächlich Bäcker und blieb das auch sein Leben lang, da wurde zudem nicht zwischen Privat- und Berufszeit unterschieden, wie wir das heute tun. Zeitgemäß ist die Empfindung »Ich bin ein Beruf« jedenfalls nicht mehr. Darum ist es wirklich wichtig, dass wir uns vor Augen führen: Wir *sind* das nicht, was wir tun, sondern wir *machen* das nur! Dieses Bewusstsein würde Veränderungsprozesse erheblich vereinfachen.

Schlechte Schwimmer im Fluss des Lebens sehen sich nicht nur diesem dauerhaften Überlebenskampf gegen das Ertrinken konfrontiert, sondern werden zusätzlich vom Wasser abgetrieben, wodurch sie nie dort ankommen, wo sie ursprünglich hinwollten. Viele Menschen schaffen es gerade irgendwie, den Kopf über Wasser zu halten, was den Berufsalltag und die privaten Probleme betrifft, kommen aber nie ins sanfte, angenehm entspannte Gleiten.

Die Frage, die Sie an dieser Stelle für sich beantworten sollten, lautet somit: Sind Sie eher Nichtschwimmer oder

Schwimmprofi, wenn es um den Strom des Lebens geht? Wenn Sie nämlich zu den schlechten Schwimmern gehören, ist es kein Wunder, wenn keine echte Veränderung erfolgen kann!

Sehen wir uns die Hintergründe für diesen Umstand genauer an, um zu erfahren, warum es keine Veränderung geben kann, wenn wir stets damit beschäftigt sind, nicht, im Strom des Lebens unterzugehen: Im Laufe der Evolution hat sich im menschlichen Gehirn ganz vorne eine Struktur komplex gefaltet, die wir Stirnhirn (präfrontaler Cortex) nennen. Das Besondere daran, das uns gleichzeitig von den Tieren unterscheidet: Wir denken nicht nur und wir fühlen nicht nur, sondern wir können unser Denken und Fühlen beobachten. Wir denken, dass wir denken – und fühlen, dass wir fühlen. Wir können über unsere Gedanken nachdenken. So können Sie etwa wahrnehmen, wie Sie gerade denken, dass Sie sich ein bestimmtes Projekt nicht zuzutrauen – oder feststellen, dass Sie in diesem Moment Zweifel spüren. Leider stoppen die meisten Menschen an exakt jenem Punkt und kommen gar nicht auf die Idee, dass sie das ändern könnten. Dabei können wir gerade aufgrund dieser Kompetenz unser Innenleben auf indirekte Weise – wie über einen neuen Fokus oder bewusste neue Gedanken – verwandeln, aufmöbeln, vervollkommnen. Unser komplettes Gefühlsleben spricht dann auf die Veränderung an. Wenn wir das Neue stark genug forcieren und dadurch die momentane restliche Wirklichkeit ausblenden – wie wir das beim Ansehen eines Filmes tun, dessen Inhalt unsere Realität wird, in die wir unabgelenkt eintauchen –, passt sich der ganze Körper an. Denken Sie nur an einen Horrorfilm oder Thriller, den Sie gesehen haben! Bestimmt haben Sie da eine physiologische Veränderung an sich bemerkt: Das Herz kann in solchen Situationen durchaus zu rasen beginnen, oder man bekommt schweißnasse Hände vor Anspannung. Nichts anderes geschieht während einer Imaginationsarbeit im Rahmen des mentalen Trainings, denn diese Beobachtung durch das Stirnhirn ist der erste Schritt für die Meisterschaft im eigenen Leben.

In diesem Kapitel lernen Sie deshalb unser Stirnhirn und die erstaunliche Fähigkeit des Menschen, zum Bewusstsein seiner selbst zu erwachen, völlig neu kennen. Infolgedessen bekommen Sie damit ein Werkzeug in die Hand, mit dem Sie beeinflussen können, wie gut Sie künftig als Schwimmer im Strom des Lebens sein werden.

Wenn der Säbelzahntiger täglich um die Ecke kommt

Als Erstes darum nochmal kurz skizziert, was in Ihrem Körper vor sich geht, wenn Sie unter Stress stehen: Alle Reaktionen sind auf einen Notfall eingestellt, wodurch der Energiehaushalt, das Herz-Kreislauf-System und Ihr Gehirn auf Hochtouren arbeiten, während der Rest auf »Stand-by« geht. Chronischer Stress verändert den Blutzuckerspiegel dauerhaft und erhöht außerdem den Blutdruck, was zu Magengeschwüren, Osteoporose, Unfruchtbarkeit und Impotenz führen kann. Einfach alles wird negativ von Stress beeinflusst. Unser Immunsystem, das sich tagtäglich um die Abwehr von Krebszellen kümmert und im Schnitt pro Tag acht davon bekämpft, indem es sie auffrisst, fährt unter Stress ebenfalls runter, weil es in einer Gefahrensituation für das akute Überleben nicht notwendig ist. Wenn etwa der Säbelzahntiger hinter uns her ist, schaltet das Immunsystem vorläufig auf Pause, da es in derlei Momenten Wichtigeres gibt: schnell laufende Beine samt ebensolchen Füßen etwa. Und der übliche Dauerstress in der heutigen Zeit löst nun mal genau dasselbe aus wie vor Jahrtausenden der Angriff einer Raubkatze.

Dieser körperlichen und geistigen Anspannung dauerhaft ausgesetzt zu sein, macht uns darum krank. So einfach ist das. Zahlen gefällig, die das untermauern? Bitte sehr: Drei Viertel aller Todesfälle werden durch Krebs und Herz-Kreislauf-Erkrankungen wie Herzinfarkte und Schlaganfälle ausgelöst, und beides ist eng mit dem Stresssystem verbunden. Dauernde Überbeanspruchung und Belastung bedeutet zudem nichts anderes als das Fehlen – oder auch nur das *empfundene* Fehlen – von Kontrolle: Situationen fühlen sich so an, als stünden sie nicht mehr unter unserem Einfluss. Während der Säbelzahntiger für die echte Gefahr steht und die böse Schwiegermutter die bewertete, eingebildete Bedrohung versinnbildlicht, gibt es noch eine dritte Sache, die Stress auslöst: die Sorge darüber, dass die Schwiegermutter demnächst wieder zu Besuch kommen könnte, also das Grübeln á la »Was wäre, wenn ...« Alle drei Kategorien wirken sich gleichermaßen auf das Stresssystem aus. Abgesehen davon, dass uns das krankmachen kann, ist innerhalb dieses angespannten Modus, der nun mal nur in Ausnahmesituationen sinnvoll ist, keine Veränderung in unserem Leben möglich, weil unser Körper auf seine Art kämpft, als ginge es ums Überleben. So gesehen müssen wir – um im Bild des Schwimmens von vorhin zu bleiben – praktisch froh sein, wenn wir es schaffen, über Wasser zu bleiben und nicht unterzugehen.

Im Kampf gegen die alltägliche Überforderung ist das soziale Umfeld enorm wichtig. Wir suchen nämlich automatisch menschlichen Support, weil uns das auf wunderbare Weise entstresst. Wenn wir mit jemandem reden, der unser Vertrauen genießt, erhöht das den Bindungsstoff Oxytocin, das als Gegenspieler des Stresshormons Cortisol zu verstehen ist, wodurch eine etwaige Anspannung sinkt. Darum ist Einsamkeit der Killer Nummer eins, weil sie die Anspannung auslösen, verstärken und unterstützen kann. Am Arbeitsplatz bedeutet das etwa, dass die Menge der Aufgaben, die wir zu erledigen haben, weniger negativen Einfluss auf uns nimmt als das Verhalten der Kollegen oder Vorgesetzten, die wir haben – und in welcher Beziehung wir zu Kollegenschaft und Management stehen, weil es mit der Beziehungsebene steht und fällt, ob das genannte Oxytocin sprudelt oder nicht. Führungskräfte verursachen leider oft eine Negativspirale, indem sie in ihrer Kommunikation mit ihren Mitarbeitern gewaltige Begriffe wie »Umstrukturierung« oder »Change Process« verwenden, die alarmierend wirken und zusätzlich Gefahr bedeuten. Wer so einleitet, braucht sich deshalb nicht wundern, wenn das Gegenüber, das durch solche Drohworte sofort in den Überlebensmodus katapultiert wird, weil ihm Angst gemacht wurde, nicht mehr offen für noch so logische und konstruktive Argumente sein kann. Ein gestresster Manager überträgt seine eigene innere Unruhe auf seine Mitarbeiter – recht ähnlich wie Reiter das von ihren Pferden oder Hundehalter von ihren schwanzwedelnden Vierbeinern kennen und an dieser Stelle vermutlich bestätigen werden. Wesentlich zielführender ist es, als Vorgesetzter auch in Zeiten der Veränderung wie ein Fels in der Brandung Sicherheit, Ruhe und Stärke auszustrahlen, weil sich das auf andere überträgt. Es geht dabei um eine »Ich habe alles unter Kontrolle!«-Botschaft. Neben diesen nonverbalen Signalen ist außerdem ein achtsamer Umgang mit Worten von Vorteil. Geschriebene Texte wie E-Mails strahlen nachgewiesenermaßen durch Fehlerfreiheit eine vertrauenserweckende Sicherheit aus – textsicher sein heißt hierbei die Devise! Gelingt all das nicht, weil die Führungsmannschaft Panik und Druck vermittelt, können sich derartige Situationen weiter zuspitzen: Ist der Chef wenig hilfsbereit und nicht empathisch, bekommen seine Angestellten Krankheitssymptome, die sie vorher nicht hatten. Angekündigte Umstrukturierungen fordern aus diesem Grund tatsächlich häufig mehr Krankenstände.

Auch das Gefühl, kontrolliert zu werden, fördert das

Empfinden von Stress und damit die Begleiterscheinungen: Überall installierte Videokameras, Berichte über die Überwachung durch die NSA, Morbus Internet, wo jeder auffindbar ist – all das suggeriert, dass wir schleichend die Kontrolle über unsere Privatsphäre verlieren, und das ist ebenso schlecht für Gehirn und Körper wie die Einsamkeit. Durch das ständige auf unsere Smartphone-Bildschirme-Schauen wird unser Gehirn zusätzlich schier ohne Pause gereizt. Sie haben es sicher schon erraten: Ja, genau, auch das verursacht Stress! Zudem diskutieren Wissenschaftler die Rolle des blauen Lichts, das Handys am Abend via Bildschirm aussenden und das an und für sich wie Tageslicht wirkt, weshalb wir möglicherweise gar nicht richtig müde werden und über Einschlafschwierigkeiten klagen. Es gibt hierzu keinen eindeutigen wissenschaftlichen Beweis, aber den Verdacht, dass hohe Anteile an Blaulicht unsere innere Uhr verstellen. Die IT-Entwickler haben indes darauf reagiert, indem die neuesten Smartphone-Modelle mit weniger Blaulicht ausgestattet werden, doch das allein ist leider noch nicht des Rätsels Lösung. In diversen Studien wurde bereits verglichen, was etwa im Gehirn vor sich geht, wenn man via iPad einen Roman liest – im Unterschied zum gedruckten Buch –, allerdings bei wenigen Versuchspersonen und ohne eindeutiges Ergebnis.

Begonnen hat unser 24/7-Modus freilich bereits 1879 mit der Erfindung der Glühbirne, weil wir seither unabhängig von der Natur sind und das nicht nur vieles vereinfacht, sondern eben auch den Biorhythmus gestört hat. Kontrollverlust in Kombination mit zu vielen Impulsen den ganzen Tag über könnte inzwischen als *das* Problem unserer Zeit bezeichnet werden. Ähnliche Folgen haben die Versuche vieler Menschen, multitaskingfähig zu agieren. Dabei haben Studien längst gezeigt, dass »Heavy Multitasker« wesentlich schlechter abschneiden als »None Multitasker«, also Personen, die das gar nicht erst probieren. Im Gegenteil trainiert man sich mit dem Willen zum Multitasking auch noch eine Aufmerksamkeitsstörung an.

Stellen Sie sich für einen Moment vor, Sie wären eine Ratte! Versetzen Sie sich in der Rolle dieses Nagetiers in folgende Situation: Sie befinden sich in einem Käfig mit einem Metallgitterboden. Nebenan steht ein weiterer Käfig und auch in ihm sitzt eine Ratte. Die beiden Käfige haben eine Stromzuleitung, die zur gleichen Zeit und im gleichen Ausmaß unangenehme Stromstöße in beide Gitterböden leitet, und zwar immer wieder einmal, scheinbar zufällig. In einem der Käfige gibt es ein Lämpchen, das kurz alarmierend aufleuchtet, bevor der Stromschlag kommt. Weiters existiert ein Hebel, auf den Sie als Ratte problemlos drücken können. Sie finden recht schnell heraus: Wenn Sie den Hebel gleich nach dem Aufleuchten der Lampe drücken, kommt kein Stromstoß. Welcher der beiden Nager möchten Sie sein: der *ohne* Hebel im Käfig oder der *mit* Hebel? Überlegen Sie: Welche Ratte steht definitiv unter Stress? Man könnte auf den ersten Blick meinen, jene, die ständig auf der Hut sein und aufpassen muss, ob das Lämpchen gleich leuchten wird, hat grobe Probleme. Aber nein, dem ist nicht so, denn sie ist konzentriert und hat die Dinge mehr oder weniger im Griff – und wenn nicht, dann weiß sie zumindest, warum: weil sie eben zu langsam war. Wirklich gestresst ist die Ratte, die unter einer massiven Ausschüttung von Stresshormonen leidet, und das ist jene, die machtlos im Käfig sitzt und irgendwann Stromstöße bekommt, ohne eingreifen und etwas dagegen unternehmen zu können, ja sogar ohne zu wissen, woher diese Stromschläge kommen.

Stress bedeutet nämlich das Fehlen von Handlungskontrolle und nicht etwa, einfach viel zu tun zu haben. Wenn wir uns ärgern, sind wir allerdings nicht automatisch gestresst. Solange wir Handlungsmöglichkeiten sehen, haben wir physiologisch betrachtet keinen echten Stress, sondern nur etwas, das wir so nennen – vielleicht spielt es auch eine Rolle, dass »Stress« ein richtiges Modewort geworden ist, etwas, das beinahe wie ein schickes Accessoire »getragen« oder wie ein Statussymbol stolz präsentiert wird.

Dem Stress Einhalt gebieten als Fundament für Veränderung

Glücklicherweise gibt es Möglichkeiten, den Nachteilen des echten Stresses gegenzusteuern: So weiß man etwa, dass die Farbe Grün beruhigend auf unser Nervensystem wirkt. Das kommt nicht von ungefähr, denn Bäume und andere Pflanzen sind grün – und spenden durch Fotosynthese Leben, und durch ihre Blätter, Äste und Zweige Schutz vor Regen oder Sonne. Wenn in Räumen, in denen Führerscheinprüfungen abgehalten werden, Grünpflanzen aufgestellt werden, fallen tatsächlich weniger Anwärter durch, weil die Leute weniger gestresst sind. Patienten, die nach einer Gallenoperation von ihrem Krankenzimmerfenster aus auf einen Garten statt auf einen grauen Hof schauen können, wurden dahingehend untersucht, und es konnte eindeutig belegt werden: Jene mit Blick ins Grüne wurden früher aus dem Spital entlassen, weil sie schneller genesen konnten. Natürlich spiegelt sich das auch in der Nachfrage und damit in der freien Wirtschaft wider, und deshalb kosten Wohnungen mit Grünblick gleich eine Stange mehr als andere. In der Natur – und damit im Grünen – zu leben, ist definitiv gesünder, als in Betonbunkern zu wohnen. Das Gleiche gilt für Häuser am Wasser: Mit dem flüssigen Element assoziiert man ebenfalls positive, lebensspendende und lebenserhaltende Dinge wie *waschen* und *trinken*. Auch Immobilien mit Weitblick, die durch den Überblick, den sie gewähren, suggerieren, dass keine Gefahr droht, sind aus diesem Grund teilweise unbezahlbar.

Was kann der Dauerbelastung und dem ständigen Druck des Alltags abgesehen von der Natur noch Einhalt gebieten? Dem Laufsport wird beispielsweise nachgesagt, er könne das – und zusätzlich schürt er die Kreativität. Dazu haben Forscher rund um die Ökologin Danielle F. Shanahan an der University of Queensland in Australien eine Studie durchgeführt: Sie haben Testpersonen indoor auf einem Laufband joggen lassen und andere im Rollstuhl sitzend im Freien vor sich hergeschoben. Die Ergebnisse haben gezeigt, dass beides gleich wichtig ist: sich (selbst) zu bewegen *und* draußen zu sein. Am besten ist es für Körper und Geist, in der Natur laufen zu gehen. Dementsprechend kontraproduktiv ist es, wenn in Fitnessstudios überall Fernseher hängen, da die Trainierenden dadurch wieder nicht abschalten und entspannen können, sondern im üblichen Modus von irgendwelchen Bildern und Tönen berieselt werden. Damit tut man ihnen leider nichts Gutes – auch wenn sie diesen Umstand möglicherweise verneinen würden. Fakt ist: An der frischen Luft Bewegung zu machen, bedeutet für Gehirn und Körper den Jackpot. Ängste nehmen auf diese Weise ab, das Denken funktioniert besser, das Grübeln wird gestoppt und wir werden in den affektiv-kognitiven Bereichen leistungsfähiger. Sie kennen das vielleicht, dass es in der Partnerschaft oder Familie ein Zugpferd für derlei Aktivitäten braucht, weil viele auf den Vorschlag hin, spazieren zu gehen, stöhnen und meinen, sie hätten keine Lust – doch nach einem Spaziergang fühlen sich alle immer gut!

Weitere Untersuchungen zu diesem Themenkomplex haben gezeigt, dass Probanden sich schon nach nur zwanzig Minuten im Grünen frischer und weniger erschöpft fühlten. Nur fünf Minuten Bewegung in der Natur tragen somit zur psychischen Erholung bei! Die Ausreden, keine Zeit dafür zu haben, werden uns demnach ausgehen, denn fünf bis zwanzig Minuten kann wohl jeder aufbringen. Eine Art Schleuse zwischen dem Berufsleben und dem Zuhause zu schaffen, kann beim Zeitmanagement diesbezüglich helfen und wirkt ebenfalls stressabbauend. Das kann in Form des Zu-Fuß-nach-Hause-Gehens passieren oder indem man nach dem Heimkommen gleich noch eine kleine Laufrunde einlegt, bevor das Abendprogramm startet.

Man sollte die Arbeit vom Privaten tunlichst räumlich trennen, was sich bei Selbstständigen oftmals schwierig gestaltet. Doch das Investment in ein Büro zahlt sich wirklich aus, wenn sich auf diese Weise etwa ein Burn-out vermeiden lässt. Dieses inzwischen weithin bekannte Syndrom wurde übrigens vom deutsch-amerikanischen Psychoanalytiker Herbert J. Freudenberger schon 1974 erstmals beschrieben – und zwar bei ehrenamtlichen Mitarbeitern alternativer Selbst- und Kriseninterventionseinrichtungen. Menschen mit einem sozialen Beruf sind nämlich insofern besonders gefährdet, auszubrennen, als hier der zwischenmenschliche Kontakt und das Bestreben, jemandem helfen zu wollen, noch zum üblichen Stress hinzukommen.

Eine weitere Hilfe gegen Stresssymptome – eine wunderbare Ersthilfe im akuten Fall – kann das ABC-Stressmodell des US-amerikanischen Psychologen und Psychotherapeuten Albert Ellis darstellen:

- A steht für *Activating Event*: die Situation, die potenziell Stress auslöst
- B steht für *Beliefs:* was die Person über die Situation A denkt, welche Annahmen und Einstellungen sie diesbezüglich hat und wie sie die Begebenheit infolgedessen wahrnimmt
- C steht für *Emotional Consequences:* die Konsequenz, die aus den Annahmen und der Wahrnehmung der Situation hervorgeht

Die Situation im Außen in einem Beispiel: Ihr Chef bittet Sie mal wieder, länger im Büro zu bleiben, um ihm eine Arbeit abzunehmen, die an und für sich er verantwortet. Sie *denken* sich: »So ein Mist! Als ob ich nicht schon genug zu tun hätte! Wie soll ich das jetzt auch noch schaffen?« – das ist Ihre persönliche *Wahrnehmung* dazu. Sie *fühlen* sich enorm gestresst davon – das ist die *Konsequenz*.

Sie haben nun drei Möglichkeiten, damit umzugehen, nämlich bei A, B oder C anzusetzen:

A: Sie können die Situation ändern, indem Sie »Nein!« sagen oder Ihren Vorgesetzten bitten, Ihnen als Ausgleich für diese zusätzliche Arbeit mehr Zeit für die anderen anstehenden Aufgaben zu geben, weil Sie das ansonsten nicht schaffen werden.

B: Sie können an Ihrer Bewertung arbeiten, sich also entscheiden, bewusst anders über die Situation zu denken: »Super, ist ja toll, dass er mir diese Aufgabe zutraut« oder »An den vielen Aufgaben werde ich wachsen und lernen, mit den Anforderungen noch besser umzugehen.« Dadurch gewinnen Sie nämlich wieder das Gefühl, Kontrolle über die Situation zu haben. Und das ist es, worauf es ankommt! Durch diese andere Bewertung werden Sie die zusätzliche Aufgabe nicht mehr so stark als Last wahrnehmen, sondern eher als Chance erkennen. Der akute Stress nimmt dadurch rasch wieder ab, und das Risiko, eine chronische Stressbelastung zu entwickeln, sinkt.

C: Die Konsequenz zu ändern, würde bedeuten, dass Sie aktiven Stressabbau betreiben – beispielsweise, indem Sie eine Entspannungstechnik erlernen, die Sie in solchen Situationen anwenden können, um sich aktiv zu entstressen. So »behandeln« Sie die Folgen von A und B.

Grundsätzlich haben wir in jeder Situation diese drei Möglichkeiten und können aus ihnen die jeweils beste Strategie für die jeweilige Gegebenheit auswählen und beschließen, ob wir an A, B oder C arbeiten wollen. Allein das Gefühl der Kontrolle nimmt zu und hilft oft schon dabei, uns besser zu fühlen, wodurch die Anspannung zurückgeht.

Ähnlich wie dieses Stressmodell funktioniert die Achtsamkeit, durch die wir bewusst in die Beobachtung gehen, ohne zu bewerten oder sofort etwas verändern zu wollen. Statt ungefiltert auf äußere Reize zu reagieren – mental, emotional und körperlich –, lernen wir durch achtsames Betrachten, kurz innezuhalten. Dadurch entsteht nicht nur eine zeitliche, sondern auch eine mentale Pause für den Geist. Diese besondere Beobachterperspektive aktiviert das Stirnhirn, den präfrontalen Cortex, und das führt dazu, dass wir Freiheitsgrade gewinnen, anstatt uns vom Problem übermannen zu lassen. So können wir nach diesem Innehalten aktiv überlegen, was in diesem Moment das Richtige für uns wäre. Wenn Sie das nächste Mal bemerken, dass Sie sich gestresst fühlen, dann beobachten Sie genau, was passiert – aber eben ohne Bewertung, wie ein neugieriger Forscher.

Haben Sie derzeit ein konkretes Problem, das Sie plagt? Dann versuchen Sie es doch gleich einmal mit der Rosinen-Übung aus dem Mindfulness-Based Stress Reduction Program (MBSR) nach Jon Kabat-Zinn, einem systematischen Achtsamkeitstraining:

Stellen Sie sich vor, Sie kämen ursprünglich vom Mars und seien mit der Anweisung, Gegenstände auf einem fremden Planeten zu erforschen, auf der Erde abgesetzt worden. Und nun gehen Sie komplett in diese Vorstellung:

Sie finden eine Rosine, nehmen Sie in die Hand und schließen die Augen, um sie in all ihren Details wahrzunehmen: Gewicht und Temperatur, Form und Oberfläche, Konsistenz und Struktur. Halten Sie sich die Rosine neugierig ans Ohr und horchen Sie genau hin, ob es etwas zu hören gibt! Als Nächstes könnten Sie an der Rosine riechen.

Sobald Sie die Augen wieder geöffnet haben, könnten Sie sich mit der Farbe der Rosine beschäftigen und betrachten, wie das Licht an ihrer Oberfläche bricht. Zum Schluss könnten Sie die Rosine noch auf Ihre Zunge legen, um ihren Geschmack zu erforschen. Achten Sie dabei auf die Veränderung des Aromas, während Sie sie zerkauen und schließlich schlucken!

Am besten ist es, wenn Sie sich für diese Achtsamkeits- und Wahrnehmungsübung ausreichend Zeit und Muße gönnen. Danach beantworten Sie folgende Fragen für sich: Welche Qualitäten konnten Sie feststellen? Notieren Sie fünfzehn davon auf einen Zettel und sinnieren Sie nochmal über das Erfahrene!

Nicht anders als an diese Rosine können Sie künftig an Ihre Probleme herangehen, indem Sie beispielsweise Ihre Kopfschmerzen, Ihren Hang zum Grübeln oder Ihr schlechtes Arbeitsklima in der Firma beobachten, ohne es bewerten oder verändern zu wollen.

Normalerweise fallen uns unsere Schwierigkeiten und Konflikte lediglich auf und wir wollen sie unbedingt loswerden – und das möglichst schnell. Aus dieser Haltung heraus ist Veränderung allerdings kaum herbeizuführen: Wir richten unsere Aufmerksamkeit auf das Problem, geraten in dessen Strudel und verlieren uns so in der Anspannung. Sorgen zu verdrängen, funktioniert aber ebenso wenig. Wenn Sie hingegen einfach mal die Beobachterrolle einnehmen und sich überlegen, wie sich der Schmerz genau anfühlt, welche Farbe und Form er hat, wo er genau sitzt und ob er sich mit der Zeit verändert, dann entsteht durch diese Perspektive, die weder eine Beobachterrolle von innen noch eine von außen ist, eine Distanz zum Schmerzempfinden – und meistens wird das Leid allein dadurch gleich weniger, weil die Anspannung nachlässt. Denn wer sein Problem detailliert wahrnimmt, ohne sich von ihm überwältigen zu lassen, der hat gute Chancen, auf einmal die Lösung zu erkennen. Und selbst wenn es nicht gleich zur Auflösung der Problematik kommen sollte, so haben Sie den ersten Schritt getan, um über die Herausforderung hinauszuwachsen.

Im Business-Kontext funktioniert diese Herangehensweise ebenfalls: Manchmal ist Ihnen ein Geschäftspartner, Kollege oder Kunde vielleicht maßlos unsympathisch oder Sie empfinden seine Art Ihnen gegenüber als unangenehm. Aus diesem Grund stresst es Sie womöglich schon im Voraus, wenn Sie wissen, dass Sie bald wieder mit ihm zu tun haben werden. In solchen Fällen hilft es Ihnen, sich bewusst zu überlegen, was Sie trotz allem an ihm gut finden, oder zumindest, in Bezug worauf sie ihm zustimmen können – und wenn es nur seine Krawatte ist. Dadurch hört Ihr Gehirn nämlich auf, in Zusammenhang mit dieser Person ausschließlich auf Widerstand zu gehen und Sie können sich weitestgehend entspannen, was wiederum deeskalierend wirken kann. Wenn Sie an Ihrem Gegenüber auch nur irgendwo andocken, dann kann Veränderung stattfinden.

Was können Sie aber tun, wenn Sie akut unter Stress und Anspannung stehen? In solchen Situationen ist es am besten, diese Spannung körperlich abbauen. Das klappt einerseits durch Flucht – in den Alltag übersetzt würde das etwa Joggen bedeuten –, und andererseits durch Kampf. Es ist nachvollziehbar, dass nicht jeder eine Kampfsportart ausüben will, aber einen Stressball so richtig durchzukneten, kann ebenfalls beim Abreagieren helfen, denn auch dabei wird das Stresshormon Cortisol rasch gesenkt. Probleme runterzuschlucken ist dagegen kein geeignetes Mittel, um dem Stress zu entkommen.

Weil Atemübungen unübertroffen stressminimierend wirken, haben wir Ihnen auch eine solche zusammengestellt:

Sie sollten besonders tief einatmen, denn beim Einatmen

wird das Zwerchfell nach unten geschoben, wodurch dieser Muskel Luft in die Lungen zieht. Stellen Sie sich vor, Sie wären wie eine dieser alten Glühbirnen, die die EU inzwischen verbannt hat: Sie waren oben schmal und unten ausgewölbt bauchig. Beim Einatmen sollten Sie den ganzen unteren Bereich von sich als Glühbirne mit Luft ausfüllen, also in menschlicher Gestalt Ihren Bauch, Ihre Flanken und Ihren Rücken. So zieht das Zwerchfell kraftvoll nach unten und macht der Lunge ausreichend Platz.

Außerdem ist es für die Entspannung wichtig, auch das Ausatmen zu verlängern, da es den Parasympathikus aktiviert. Das ist jener Teil des Nervensystems, der unsere Organe – mit Ausnahme der unteren Verdauungsorgane – zur Ruhe kommen lässt. Die einfachste Entspannungsübung der Welt ist es darum, schlichtweg länger auszuatmen. Sie können zum Beispiel auf ein »ffffffff« ausatmen. Ihre Zähne bremsen die Luft bei dieser Lippenstellung, wodurch das Ausatmen automatisch länger andauert.

Im Yoga wird die bewusste Atemtechnik gezielt eingesetzt, um den Körper zu reinigen, die Energie zu erhöhen oder zu einem inneren Ausgleich zu finden. Die Bedeutung der Atmung wird außerdem in der traditionellen chinesischen Medizin (TCM) zur Gesunderhaltung des Menschen genutzt. Die Lebensenergie Qi kann nach der TCM auf drei verschiedene Arten aufgenommen werden: durch Atmung, Ernährung und Bewegung. Trainingsmethoden wie Tai-Chi, Qigong, aber auch Kung-Fu zielen direkt oder indirekt auf eine Vertiefung der Atmung ab, um möglichst viel Qi aus dem Universum aufnehmen zu können. Die Betonung der Atmung liegt hierbei auf Verlangsamung, Vertiefung und Absenkung zum unteren Energiepunkt Tan Tien. Dieser liegt etwa drei Finger breit unter dem Nabel und steht dort aus Sicht der asiatischen Heiltraditionen als Quelle für Arbeits-, Heil- und Abwehrenergie für zahlreiche Körperprozesse zur Verfügung.

Wissenschaftlich gesehen steht das tiefe Atmen in engem Zusammenhang mit Entspannung und Relaxation Response und sollte im Alltag von Gestressten oder Kopfmenschen keinesfalls fehlen. Die Wechselatmung etwa erhöht die Sauerstoffaufnahme im Blut und senkt sofort die Frequenz des Herzschlags sowie den systolischen Blutdruck. Zudem fördert tiefes Atmen die Fähigkeit, lösungsorientiert zu denken, weil wir aus einer ruhigen, entspannten Haltung heraus besser agieren können. Bereits ein regelmäßiges Training über einen Zeitraum von sechs Wochen kann die Herzschlagrate nachhaltig senken – und ein ruhigerer Herzschlag verlängert einer Studie zufolge, die im Fachmagazin »Heart« veröffentlicht wurde, das Leben: bei einem Ruheherzschlag von sechzig statt achtzig Schlägen pro Minute um immerhin fünf Jahre! Dazu wurden in den Jahren 1970 und 1971 knapp dreitausend Männer mittleren Alters untersucht, um deren Daten zu Blutdruck, Herzfrequenz, Körpergewicht, Rauchen und regelmäßiger Bewegung zu speichern. 1985/86 hat man sie erneut untersucht, und zum Abschluss noch ein letztes Mal im Jahr 2001 – gut ein Drittel war bis zu diesem dritten Untersuchungstermin bereits verstorben. Anhand der erfassten Daten konnten die Mediziner ermitteln, dass vorrangig Männer, die sich kaum körperlich bewegten, einen hohen Ruhepuls aufwiesen, der häufig gemeinsam mit höherem Gewicht, einem erhöhten Blutdruck und auch höheren Blutfettwerten einherging. Die Formel, die sich daraus ergab, lautet: Das Sterberisiko wird umso größer, je höher die Herzfrequenz ist. Bei einem Ruhepuls von neunzig verdreifachte sich dieses Risiko sogar.

Das führt uns wieder zum bewussten und tiefen Atmen, das bei regelmäßiger Durchführung einen niedrigeren Ruhepuls begünstigen kann. Die meisten Atemübungen sehen ein bewusstes Einatmen durch die Nase und ein bewusstes Ausatmen durch den Mund vor. Eine Forschungsgruppe am Karolinska-Institut Stockholm, welche die Bedeutung von

Stickstoffmonoxid im Atmungssystem erforscht hat, fand heraus, dass in den menschlichen Nasennebenhöhlen, die über kleine Öffnungen mit den Nasenlöchern verbunden sind, bedeutende Mengen dieses Stoffs gebildet werden. Die Nasenluft enthält demnach eine relativ hohe Konzentration davon. Was bedeutet das nun? Atmen wir durch die Nase ein, begleitet das Stickstoffmonoxid die Luft in die Lunge, wo es die Blutgefäße erweitert. Verglichen mit der Mundatmung führt die Nasenatmung schnell zu einem zehn- bis fünfzehnprozentigen Anstieg der Sauerstoffaufnahme durch das Blut.

Und es gibt noch mehr dazu: Muskeln anspannen, ruhig weiteratmen und dann entspannen – diese Methode geht mit Abweichungen und Weiterentwicklungen auf das Konzept von Edmund Jacobson aus dem Jahr 1934 zurück. Es fundiert darauf, dass eine neuromuskuläre Anspannung die Basis für viele negative Zustände und psychosomatische Beschwerden ist, wie beispielsweise jene bei Spannungskopfschmerzen, manchen Rückenbeschwerden, Nackenverspannungen oder Blockaden im Kiefergelenk. Jacobson stellte schon damals fest, dass eine Entspannung der Muskeln unmittelbar zu einer Entspannung des Geistes führt. Inzwischen wissen wir, dass dieser Effekt über den zehnten Hirnnerv, den Nervus vagus, passiert. Der deutsche Psychotherapeut Klaus Grawe und sein Forscherteam haben dazu sechsundsechzig Studien gefunden, in welchen Progressive Muskelentspannung (kurz *PMR*) eingesetzt worden war. In sechsundsiebzig Prozent dieser Studien werden signifikant positive Veränderungen beschrieben: Gerade bei Kopfschmerzen, Schlafstörungen und einem erhöhten Blutdruck führte die Anwendung dieser PMR-Entspannungstechnik zu deutlichen Verbesserungen.

In einem Review über Angststörungen haben der Australier Anthony Jorm und sein wissenschaftliches Team im Jahr 2004 wiederum zahlreiche Studien unter die Lupe genommen. Ihr Fazit: Progressive Muskelentspannung ist bei Panikstörungen mit oder ohne Agoraphobie, bei langanhaltenden Angststörungen und sogar bei einer Zahnarztphobie genauso effektiv wie pharmakologische und psychologische Hilfe. Im Jahr 2015 konnte schließlich gezeigt werden, dass PMR ähnliche Kurzzeiteffekte auf den Glukoseverbrauch (der durch Stress ausgelöst wird) im Gehirn bewirkt wie das Benzodiazepin Diazepam – außerhalb von Fachkreisen wohl besser bekannt als ein Beruhigungsmittel unter dem Handelsnamen »Valium«. In einer randomisierten klinischen Untersuchung zeigt die Entspannungsmethode genauso wie ein anderes Beruhigungsmittel eine Verbesserung von Angst- und Depressionssymptomen bei Krebspatienten. Der Vorteil der Medikamente liegt zweifelsohne in der raschen Wirksamkeit, etwa wenn es als Dämmermedikation bei Darmspiegelungen zum Einsatz kommt, während die Progressive Muskelentspannung vor allem bei mittel- und langfristiger Unterstützung ihren Wert unter Beweis stellt. Zusätzlich könnte die Abhängigkeitsproblematik durch die Anwendung von PMR umgangen werden. Wenn Sie an Ängsten oder negativen Gedanken leiden, kann die PMR für Sie die geeignete Unterstützung zur Selbsthilfe sein. Versuchen Sie es am besten – und behalten Sie im Hinterkopf, dass sie wiederholt angewendet und richtiggehend trainiert werden muss, damit sie ihre Wirksamkeit entfalten kann.

Neben der Entspannung mithilfe des vorgestellten Stressmodells, durch Achtsamkeits- oder Atemübungen gibt es noch eine weitere Möglichkeit, dem Stress zu begegnen, die wir Ihnen natürlich nicht vorenthalten wollen. Sie ist schnell erklärt, denn die Antwort auf viele Fragen und Probleme, die Sie Tag für Tag beschäftigen, ist verblüffend einfach: Sie heißt »Nein!« Wir haben es bereits festgehalten: Die beste Form der Stressvermeidung ist es, das Gefühl der Kontrolle zu behalten, ein gesundes Maß an Selbstbestimmtheit. Und was könnte das besser unterstützen, als an der richtigen Stelle eine Grenze zu ziehen? Klingt einfach – ist es auch. Ist *alles reine Kopfsache*!

Warum 190 + 10 mehr ist als 200

Glaubenssätze begegnen uns immer wieder, unser gesamtes Leben lang. Unsere persönlichen haben wir entweder durch eigene Erfahrungen entwickelt – beispielsweise »Leute, die besonders freundlich sind, sind falsch« – oder wir haben sie von anderen Menschen oder Generationen übernommen – wie etwa »Man isst immer den Teller leer!« Diese altbekannte Regel war sicherlich richtig, weil sinnvoll für Menschen der Kriegs- und Nachkriegsgeneration, sie ist allerdings fatal für unser bewegungsarmes und zugleich kalorienreiches heutiges Leben.

Glaubenssätze haben eine limitierende, bremsende Wirkung, wenn sie nicht (mehr) stimmen: Sie machen uns kleiner als wir sind oder sein könnten. Ziemlich sicher sind auch Sie mittlerweile erfahrener, kompetenter, stärker, sozial vernetzter und weiser als bei der Entstehung vieler Ihrer Glaubenssätze – damals waren Sie wahrscheinlich jung, irgendwie hilflos, unwissend, unerfahren oder überfordert. Unser »System« aktualisiert uns aber nicht. Deshalb wirken alte Glaubenssätze trotzdem weiter – völlig unnötig und außerdem beschneidend, einschränkend, kontraproduktiv.

Der deutsche Psychotherapeut Ortwin Meiss beschreibt in seinen Aufzeichnungen einen Klienten namens Andrew, der eine dem Gewichtheben ähnliche Wettkampfdisziplin im Bodybuilding ausgeübt hat. Dieser Mann stagnierte seit Monaten bei hundertneunzig Kilogramm und schaffte es nicht, die Zweihundert-Kilo-Marke zu knacken. Es schien, als habe Andrew eine Blockade, ausgelöst davon, dass die zweihundert eine nächste Hunderter-Stufe markierte. Mit der Suggestion, nicht zweihundert, sondern einfach hundertneunzig plus zehn Kilogramm zu heben, hob Andrew schließlich sogar zweihundertzwanzig Kilo und verbesserte seine Leistung damit auf einen Schlag um ganze dreißig Kilogramm.

Sie sehen: Hemmende Glaubenssätze wie »Zweihundert Kilo sind besonders schwer« lassen sich manchmal durch eine einfache Veränderung in der Vorstellung austricksen. Manche Menschen hören ihre sie einschränkenden Glaubenssätze wie von einer inneren Stimme. Falls es Ihnen auch so ergeht, hier ein Tipp: Verändern Sie doch den Stimmklang! Machen Sie die Stimme lächerlich, lassen Sie sie etwa wie die einer niedlichen Trickfigur klingen! Sie werden feststellen, dass Ihr innerer Kritiker dadurch recht schnell an Einfluss und Macht verliert.

Mentale Stärke – die wichtigste Eigenschaft der Erfolgreichen

Im Sport bedeutet mentale Stärke, die beste Leistung genau dann abrufen zu können, wenn es wirklich drauf ankommt. Es hängt demzufolge vorrangig von der mentalen Stärke ab, ob ein Elfmeter vergeigt wird oder direkt ins Tor geht. Mentales Training ist dabei als systematisches Probehandeln im Kopf zu verstehen, durch welches diese mentale Stärke trainiert werden kann. Seine Wirkung ist vor allem aus der Sportpsychologie bekannt und wurde in Zusammenhang mit Höchstleistungen im Spitzensport wissenschaftlich fundiert nachgewiesen. Mentales Training beruht auf Entspannung, Vorstellung und dem Empfinden von Selbstwirksamkeit. Solche Prozesse finden wir auch bei Placebo-Effekten, wo ein Gefühl der Entspannung und des Vertrauens auf eine Belohnungserwartung trifft. Imaginationstechniken wirken im Sport durch den ideomotorischen Effekt, was bedeutet: Die Vorstellung einer Bewegung kann Muskeln aktivieren. Sich etwa vorzustellen, wie der rechte Zeigefinger gehoben oder gedreht wird, regt dort – und nur dort – elektrisch messbar die Muskelaktivität an. In erster Linie geht es dabei zwar um gesunde Körperteile, aber auch bei Lähmungen kann eine Imagination die Verknüpfung zwischen Nerven- und Muskelzellen verbessern und die entsprechenden Hirnareale trainieren.

Aber wie sieht es mit Gesundungsprozessen aus? Mentales Training ist hierbei ebenfalls unterstützend, aber stärker als ein Placebo, bei dem körpereigene Schmerzstiller beteiligt sind. So dokumentierten Mediziner der Stanford University in Kalifornien, dass bei Mentaltechniken der Schmerz ohne Beteiligung dieser Endorphine gestillt werden konnte. Die mentalen Übungen wirken demnach unabhängig vom Placebo-Effekt.

Während der Kindheit tut sich rund um die mentale Stärke viel in den Nervennetzen, doch später, im Erwachsenenalter, muss das spezifisch trainiert werden, weil es nicht mehr automatisch passiert. Mentale Stärke lässt sich besonders anschaulich erklären, indem man überlegt, wie sich ihr Fehlen auswirkt. Ein Beispiel, das Sie wahrscheinlich von sich selbst oder irgendeiner Person aus Ihrer persönlichen Umgebung sogar kennen werden: Höhenangst. Wie äußert sie sich im Alltag? Auf einem Sessel zu stehen, wird bei den wenigsten Angst auslösen. Von einem Drei-Meter-Brett im Schwimmbad auf das Wasser zu blicken, könnte allerdings schon ein ungutes Gefühl auslösen. Und ab einer Höhe von zehn Metern zittert bei Betroffenen bereits der ganze Körper – geschweige denn wenn jemand mit Höhenangst auf Reisen vom Eiffelturm, der Sonnenpyramide in Mexiko oder dem Kölner Dom hinunterschauen möchte. Da kann es schon sein, dass man sich hinsetzen muss oder voller Panik irgendwo festkrallt, weil man sich nicht vorstellen kann, sich wieder zu beruhigen. Das kennen Sie aus eigener Erfahrung oder aus Erzählungen? Dann wissen Sie genau, wie es ist, wenn mentale Stärke fehlt!

Die wissenschaftliche Erforschung zur Bedeutung der mentalen Stärke für viele Aspekte unseres Lebens begann Ende der Sechzigerjahre mit ein paar inzwischen weltweit berühmten Marshmallows und bahnbrechenden Experimenten mit dieser klebrigen Süßigkeit: Der gebürtige Wiener Psychologe Walter Mischel ließ in den USA der Jahre 1968 bis 1974 innerhalb einer Versuchsreihe vierjährige Kinder wählen, ob sie einen »Mäusespeck« gleich oder lieber zwei Stück davon ein wenig später vernaschen wollten. Das Ergebnis der Nachbeobachtungsstudien von 1980 bis 1981 war gleichermaßen erstaunlich wie es über den gesamten Globus bekannt geworden ist: Das Experiment an über sechshundert Kindern definierte Willensstärke als Belohnungsaufschub. Jene Testpersonen, die als Kinder auf die Belohnung durch die Marshmallows hatten warten können – das waren rund dreißig Prozent der Probanden –, also geduldig waren und damit Disziplin gezeigt hatten, waren als Heranwachsende in sozialen wie schulischen Bereichen auffallend kompetenter als jene, die sich im Kindesalter den süßen Speckwürfel gleich in den Mund gesteckt haben, noch bevor der zweite kam – nämlich siebzig Prozent der Teilnehmer. Erstere konnten mit Stress und Frustration wesentlich besser umgehen und waren fähig, Versuchungen zu widerstehen. Wir können dem eine moderne Beschreibung als Form mentaler Stärke geben und zeigen, wie elementar diese tatsächlich ist – und das lediglich mit der Einschränkung, dass auch die Umwelt und das Vertrauen einen Einfluss auf den Grad der eigenen Geduld haben.

Die noch spannendere Entdeckung dieser Versuchsreihe wurde allerdings nochmals Jahre später gemacht, denn Follow-up-Untersuchungen zeigten, dass die Probanden als Jugendliche bei einem Test, der für die Aufnahme an Universitäten bedeutend ist, wesentlich besser abschnitten und zudem einen günstigeren Body-Mass-Index hatten, der sich sogar noch weitere dreißig Jahre später nachweisen ließ. Jene ehemaligen Kinder, welche damals im Erstexperiment hatten warten können, waren insgesamt zu empathischen, selbstbewussten Erwachsenen geworden, konnten mit Rückschlägen umgehen und waren in der Lage, etwas, das als Belohnung empfunden wurde, aufzuschieben, wenn das dazu führte, näher an das persönliche Ziel heranzukommen. Die »Sofortesser« hingegen waren augenscheinlich emotional instabiler, weniger entschlossen und folglich nicht gleichermaßen erfolgreich wie ihre geduldigen Kollegen – und das immerhin völlig unabhängig von ihrer Intelligenz. Offenbar ist die Fähigkeit zum Gratifikationsaufschub, wie der Belohnungsverzicht in der Fachsprache genannt wird, nicht nur ein Indiz für mentale Stärke, sondern auch eine echte Erfolgseigenschaft.

Weitere Untersuchungen dazu bestätigten: Von beruflichem Erfolg über eine langjährige Partnerschaft bis hin zu einer stabilen Gesundheit und einem schlankeren Körper ist alles wesentlich wahrscheinlicher erreichbar, wenn man fünfzehn Minuten warten kann und etwas nicht sofort haben muss. Mentale Stärke in der Kindheit sagt den Erfolg im Erwachsenenalter voraus: bessere Ausbildung, höherer Selbstwert, konstruktiverer Umgang mit Stress, weniger bis kein Drogenmissbrauch. Knapp sechzig Probanden aus dem ersten Experiment wurden in ihren Vierzigern erneut untersucht – mit dem Ergebnis, dass die Unterschiede in der mentalen Stärke über all die Jahrzehnte erhalten geblieben waren: Es waren dieselben, die eine schwächere Selbstkontrolle hatten, was sich weiterhin auf alle Lebensbereiche auswirkte.

Woher aber kommt diese ominöse mentale Stärke und wie lässt sie sich fördern? Schon Mischel selbst hat in seinen Aufzeichnungen eine relativ einfache Mentaltechnik angeführt: »Ein Mädchen konnte keine paar Sekunden widerstehen. Wir schlugen ihm also vor: *Stell dir vor, das Marshmallow ist ein Bild! Gib einen Rahmen drumherum!* Und es funktionierte! Als wir die Kleine dann fragten, wie sie es geschafft habe, sagte sie lachend: *Ein Bild kannst du ja nicht essen!* Das zeigt: Wir können über unser Begehren anders denken, unser inneres Bild davon ändern.«

Ein Blick ins Hirn bei vielen der Teilnehmer demonstrierte, dass Menschen mit mehr Selbstkontrolle auch mehr Aktivität im präfrontalen Cortex aufwiesen. Das Stirnhirn ist somit der Schlüssel für mentale Stärke, was uns wiederum sagt: Wir können unsere Emotionen regulieren! Wir sehen: Mentale Stärke ist eine der elementarsten Eigenschaften für Leistungsfähigkeit und Lebensqualität und damit der Schlüsselfaktor für nachhaltigen Erfolg und eine stabile Gesundheit!

Die gute Nachricht: Wir meinen mit dieser mentalen Stärke die Fähigkeit zur Aufmerksamkeitsregulation – und die lässt sich recht leicht trainieren.

Wenn Sie es mit Ihren Sprösslingen gänzlich falsch angehen wollen, dann brauchen Sie es nur so zu machen, wie Sie es womöglich von Ihren eigenen Eltern gehört oder bei anderen Familien beobachtet haben. Kindern zu sagen: »Das darfst du nicht!« oder »Mach das nicht so!«, ist genau der falsche Weg. Es geht darum, mit ihnen gemeinsam auf konstruktive Art eine Alternative zu finden. Die Lösung lautet dementsprechend: »Was willst du machen?« Wenn ein Kind dann basteln möchte, ist das gut so, denn beim Basteln lernt es, durchzuhalten. Auch zu musizieren, Theater zu spielen und Sport zu betreiben kann helfen, das Gehirn auf Vordermann zu bringen. So lernen die nächsten Generationen, auf intrinsische Weise durchzuhalten und mit Frustration umzugehen. Wenn die Lösungen aber von außen kommen, können sie diese Eigenschaften gar nicht gleichwertig gut erlernen. Kurz gesagt: Belohnen und bestrafen hilft nicht, die mentale Stärke optimal zu entfalten.

Im Marshmallow-Test und seinen Nachahmern war gut zu beobachten, welche Strategien die Kinder selbst in ihrem Inneren fanden, um nicht wie manche anderen nach ein, zwei Minuten der Versuchung zu erliegen und den »Mäusespeck« in sich hineinzustopfen: Einige deckten die Süßspeise mit etwas zu, sodass sie nicht mehr sichtbar vor ihnen lag, manche konzentrierten sich auf etwas anderes wie die eigenen Zehen, wieder andere stellten sich vor, dass es sich gar nicht um etwas zum Naschen, sondern um einen Wattebausch handelte, wodurch das Süße an Attraktivität verlor. Sie waren demnach fähig, nicht im Problem zu verhaften, sondern ihre Aufmerksamkeit zu regulieren und zu kontrollieren. Das ist das wahre Geheimnis des Erfolgs und nicht etwa eine übermenschliche Willensstärke, die man sich vielleicht dahinter vorstellen würde.

Im Erwachsenalter nachzuholen, was während der Kindheit leider nicht möglich war, ist schwieriger, aber dennoch machbar, denn auch im fortgeschrittenen Alter liegt es durchaus im Bereich des Machbaren, bessere Verhaltensweisen in Zusammenhang mit mentaler Stärke zu entfalten. Viele Studien dazu belegen, dass die Vorstellungskraft eine »Virtual Reality« schaffen kann, an die sich Gehirn und Physiologie anpassen. Wenn wir die Wirklichkeit stark genug ausblenden, verändern sich sogar unsere Nervenmuster und die Regulation unserer Gene. Glücklicherweise ist unser Gehirn wie Plastilin und somit Zeit unseres Lebens wandelbar. Als wichtige Eigenschaften bzw. Fähigkeiten, die daraus resultieren, sind zu nennen: etwas ausblenden können, nicht zu schnell in die Bewertung gehen, mit Niederlagen umgehen können, Belohnungsaufschub aushalten und Kontrolle über das eigene Verhalten.

Unser Denken zu verändern ändert letztlich, wie wir alle

Dinge in unserem Alltag angehen, und das wiederum hat direkten Einfluss auf sämtliche Bereiche unseres Lebens. Das Experiment mit den Marshmallows ist auch auf die Beziehungsebene umlegbar: Wenn wir dazu neigen, beim ersten Date sofort alles zu wollen, dann ziehen wir auch eher jene potentiellen Partner an, die impulsiv und nicht besonders stabil sind. Wer hingegen warten kann, wird auch später besser mit Problemen und Krisensituationen umgehen können. Wir sollten uns folglich merken, dass alles, was unsere Geduld trainiert und stärkt, positive Auswirkungen auf uns hat, weil es die mentale Stärke begünstigt. Ein Musikinstrument zu erlernen ist dafür ideal geeignet: Das regelmäßige Üben zwingt uns dazu, geduldiger zu werden – und auch jene, die mit uns zusammenwohnen ...

Nochmal, weil das eine immens wichtige Erkenntnis ist: Wenn wir es schaffen, unser Denken zu ändern, ändert das letztendlich, wie wir die Dinge sehen und erleben, was sie mit uns machen, und wie wir ans Leben herangehen, was wiederum beeinflusst, wie erfolgreich und gesund wir sind, wie unsere Beziehungen aussehen und vieles mehr.

Dazu gab es ein interessantes US-Experiment: Im Rahmen dessen wurden acht Männer im Alter von über siebzig Jahren für einen ganz besonderen Test herangezogen. Sie alle wurden für fünf Tage in einem Kloster untergebracht, in dem alles aussah, als wäre es das Jahr 1959: Im Fernsehen konnten sie John F. Kennedy und Marilyn Monroe sehen, die Zeitschriften waren von damals, und die Männer waren angewiesen, sich auch so zu verhalten, als wäre das die tatsächliche Gegenwart. Bei all diesen Senioren hat sich innerhalb dieser wenigen Tage so einiges verändert: die Körperhaltung, das Gewicht, der Gang, das Gehör und die Greifkraft – alles hat sich merklich verbessert. Die Herren konnten durch dieses Gedankenspiel, das bestimmte Schaltkreise im Gehirn aktivierte, wodurch sich sogar die Körperchemie veränderte, eine echte Anti-Aging-Wirkung erfahren. Einfach gesagt haben sie sich geistig wie physisch an die neue Realität angepasst. Ist das nicht faszinierend? Weg mit den Anti-Falten-Cremes, her mit der Neuroplastizität! Was lernen wir daraus? Dass es gar nicht so schlecht ist, in Nostalgie zu schwelgen, sich dann und wann Musik oder Filme aus längst vergangenen Tagen zu gönnen und an die »gute alte Zeit« zu denken! Dadurch bringen wir uns mental in einen »Als ob es früher wäre«-Zustand und können uns vorstellen und unter Umständen sogar tatsächlich am eigenen Leib erfahren, was körperlich und geistig wieder möglich wird.

Zurück zu jenen Problemen, die uns im Alltag begegnen und in unserer Lebensqualität einschränken. Wie kann uns das, was wir gerade erfahren haben, in Bezug auf diese Schwierigkeiten helfen? Das Ziel muss sein, dem Gehirn die Erfahrung von Emotion und Wiederholung zu bieten – und das ist auf mehrere Arten machbar: Wir können unser Problem von außen beobachten, indem wir uns in die Dissoziation begeben. Diese Methode, bei der man die Selbstwahrnehmung bewusst auf Distanz bringt, um einen inneren Film wie ein Kinobesucher von außen betrachten zu können, bietet kurzfristige Hilfe, wenn man etwa panische Angst vor Spinnen hat. Indem man sich in der Vorstellung aus der Situation herausnimmt und sie von oben betrachtet, einen Schritt zurückgeht, eine Art Standbild vom Erlebten produziert, das man dann verkleinert, unscharf macht und in Schwarzweiß konvertiert, während man die Geräusche immer leiser dreht, wird das Problem gefühlt kleiner. Es geht bei dieser Technik allerdings vorrangig um eine Symptombekämpfung. Die bereits erwähnte Achtsamkeit wäre eine zweite Möglichkeit, um unseren Problemen Herr zu werden: Durch sie nehmen wir an, was ist, ohne zu beurteilen. Diese Verfahrensweise liegt, wenn man so will, zwischen Dissoziation und Assoziation. Eine echte, tiefgreifende Veränderung kann allerdings nur über eine Assoziation erfolgen, also eine bewusste Verknüpfung von Gedanken und Gefühlen, ein intensives Erleben der Bilder, indem man Teil des Films wird und eben nicht mehr nur Kinobesucher ist, da wir nur auf diese Weise intensiv im Geschehen und Erleben sind. Hier produzieren wir aus dem vorgestellten Bild sogar einen Film, machen alles, was wir erfahren, nah und groß, die Farben bunter, das Bild an sich schärfer und drehen Geräusche lauter, sodass wir mittendrinnen sind. Während wir bei der Dissoziation alles nur wie von außen beobachten, begeben wir uns bei der Assoziation mit allen Gedanken und Gefühlen mitten hinein in die Situation.

Stellen Sie sich vor, Sie hätten einen Skiunfall gehabt, bei dem Sie sich verletzt oder zumindest erschreckt hätten. Es könnte sein, dass Sie danach – obwohl Sie leidenschaftlich gern Ski fahren – Angst verspüren, wenn Sie an die nächste Abfahrt denken, und dieses mulmige Gefühl Sie davon abhält, sich wieder auf die Piste zu wagen. Hier kann die Dissoziation in einem ersten Schritt schon helfen, wenn Sie sich selbst mit gehörig viel Abstand zusehen. Die Assoziation bietet allerdings langfristigere und nachhaltigere Ergebnisse. Übrigens ist der kinästhetische Sinn, also die spürbare Wahrnehmung der Bewegung und des eigenen Körpers, im Rahmen dessen wichtiger als der visuelle, die rein optische Wahrnehmung. Deshalb ist es gar nicht so wichtig, sich die Dinge bildlich besonders gut vorstellen zu können, solange man körperlich alles erspüren kann. Spitzensportler wissen das und legen sich beim mentalen Training in jede Bewegung so richtig rein, als würde sie in diesem Moment stattfinden. Die regelmäßige Wiederholung führt schließlich zum Erfolg. Der bereits erwähnte ehemalige deutsche Schwimmsportler Michael Groß soll auf die Frage eines Journalisten, ob das ewige Bahnenschwimmen nicht langweilig wäre, geantwortet haben: »Wieso? Ich habe noch nie eine Bahn wiederholt!« Er weiß wie alle Spitzensportler, dass Wiederholung der beste Weg ist, um dauerhaft erfolgreich zu sein. Zu erwarten, dass das funktioniert, verstärkt dabei die Wirkung des mentalen Trainings enorm. Das kennen Sie womöglich aus anderen Lebensbereichen: Wenn wir Kopfschmerzen haben, geht es uns oft schon wenige Minuten nach dem Einnehmen einer Tablette besser, obwohl ein Schmerzmedikament weitaus länger benötigt, um seine Wirkung zu entfalten. Das liegt daran, dass wir dieses Ergebnis aus unserer bisherigen Erfahrung abgeleitet erwarten. Es geht in diesem Zusammenhang aber wie weiter vorne angemerkt nicht um den Placebo-Effekt, dem wir uns in *»Gewinner grübeln nicht«* ausführlich gewidmet haben. Der vom Mentaltraining herrührende Effekt war in diversen Studien zu diesem Thema nämlich immer auch dann gegeben, wenn das Placebo aufgrund von unterdrückenden Substanzen nicht mehr funktionieren konnte. Es handelt sich somit erwiesenermaßen um etwas anderes, einen Mechanismus unseres Gehirns. Daher sind mentale Methoden wesentlich mehr als einfach nur eine positive Erwartungshaltung: Die inneren Bilder selbst wirken! Später – bei den mentalen Apps – werden wir Sie noch anleiten, wie Sie dieses Kopfkino konkret für sich und Ihre angestrebte Metamorphose nutzen können.

Neuroplastizität – die Revolution der Hirnforschung

Vor rund hundert Jahren meinte der spanische Mediziner und Nobelpreisträger Ramón y Cajal noch, unser Gehirn wäre starr. Diese Feststellung wurde vorläufig zum Dogma der Hirnforscher. In den Sechzigerjahren des vergangenen Jahrhunderts tauchten schließlich die ersten ernstzunehmenden Befunde auf, die etwas völlig anderes zeigten, nämlich, dass sich das Gehirn mit seiner Nutzung verändert. Doch der Mainstream der Wissenschaft ignorierte dieses Ergebnis zunächst noch weitgehend. Erst seit der 2000er-Wende ist es wissenschaftlich voll anerkannt: Unser Gehirn ist Zeit unseres Lebens höchst wandelbar. Einerseits können sich Nervenzellen an ihren Endigungen, den Synapsen, neu verschalten – andererseits produzieren Teile unseres Gehirns ständig frische Nervenzellen. Diese Veränderbarkeit des menschlichen Hirns wird »Neuroplastizität« genannt. Wie wichtig und sinnvoll sie ist, wird deutlich, wenn wir uns überlegen, dass wir überhaupt nur durch sie der Vielfalt der Lebensräume auf diesem Planeten optimal zu begegnen imstande sind. *Wenn Sie das lesen können, verfügen Sie über die Fähigkeit der Neuroplastizität!*

Warum? Weil Lesen von der Evolution ursprünglich nicht vorgesehen war. Anders gesagt: Das Gehirn ist nicht dafür gemacht. Die Fähigkeit zu lesen ist eine relativ junge, wenn man sie im Kontext der gesamten Menschheitsgeschichte betrachtet. Weil unser Gehirn formbar ist, können wir neue

Fertigkeiten wie das Lesen entwickeln – aber auch Strategien, um unter den unterschiedlichsten Umständen zu überleben.

Das Who is Who der Neuroplastizität

Die Geschichte der Neuroplastizität ist ein faszinierendes Exempel dafür, wie die Wissenschaft mit Irrtümern aufräumt: Was gestern als Wahrheit galt, ist heute überholt. So wissen wir inzwischen, dass unser Gehirn kein fester Granit, sondern eine formbare Knetmasse ist. Durch diese Erkenntnis gewinnen wir an Flexibilität und Macht, unser Leben aktiver zu gestalten. Schnallen Sie sich nun an für eine packende Reise durch die Revolution im Denken!

Sie können sich das Gehirn wie eine Art Landkarte vorstellen, ein Modell der Realität. Der französische Mediziner Pierre Paul Broca hat 1861 entdeckt, dass es ein Sprachzentrum in unserem Gehirn gibt, das dafür verantwortlich ist, dass wir Wörter richtig artikulieren können. 1876 hat schließlich der deutsche Neurologe Carl Wernicke ein Zentrum identifiziert, das für das Verstehen und für die Grammatik zuständig ist. Weil wir diese Bereiche im Gehirn verwenden und beschäftigen, werden sie langsam größer. Stimm- und Sprechtraining basiert demnach auf nichts anderem als auf der Grundlage der Neuroplastizität: Ohne Broca-Zentrum wäre es uns nicht möglich, zu sprechen und zu reden.

Der US-amerikanische Psychologe und Philosoph William James – seines Zeichens einer der Begründer der modernen Psychologie – hat 1890 in seinem Lehrbuch »Principles of Psychology« das Phänomen beschrieben, demzufolge das Gehirn fähig ist, sich kontinuierlich funktionell zu verändern. Der polnische Neurobiologe Jerzy Konorski schließlich hat 1948 den Begriff der Neuroplastizität als Erster definiert. Dabei hat er beschrieben, wie ein Nervennetz stetig größer werden und sich neu definieren kann, wenn die Nervenzellen in seiner Nähe aktiviert sind. Schon ein Jahr später hat der kanadische Psychobiologe Donald O. Hebb die nach ihm benannte Regel »What fires together, wires together« erklärt: Nervenzellen, die gemeinsam feuern, verschalten sich intensiver. Dadurch werden sie stärker verdrahtet – ähnlich einem Muskel, der durch den regelmäßigen Gebrauch größer wird.

Der US-amerikanische Neurophysiologe Paul Bach-y-Rita hat dann festgestellt, dass gesunde Hirnzellen verletzte oder ausgefallene Areale übernehmen können. Daraus hat wiederum der US-amerikanische Hirnforscher Edward Taub bereits die ersten Rehabilitationsmaßnahmen entwickelt: etwa, dass man Schlaganfallpatienten die noch funktionierende Hand wegbindet, damit die Nerven der anderen aktiviert werden und es möglich wird, auch diese wieder zu verwenden. Der US-amerikanische Neurowissenschaftler Michael Merzenich hat in weiterer Folge an Affen beobachtet, wie Funktionen im Gehirn sich verändern, wenn irgendwo eine Verletzung vorliegt. Die US-amerikanische Neuroanatomikerin Marian Diamond erforschte hiernach, dass das Gehirn in einer Umwelt mit vielen Reizen besonders gut wächst, und der ebenfalls US-amerikanische Hirnforscher Richard Davidson ging in der Folge davon aus, dass der Gedanke allein bereits Neuroplastizität erzeugen kann. Der in Zürich an der Neuroplastizität forschende deutsche Neuropsychologe Lutz Jäncke hat entsprechend beschrieben, dass das Gehirn formbar wie Knetmasse ist. Er untersuchte vorrangig Musiker, wodurch er aufzeigen konnte, wie sich alles in deren Gehirn verändert, das mit dem intensiven Üben eines Instruments zusammenhängt: Bereits nach fünf Stunden beginnt sich die Anatomie des Gehirns nachweisbar zu verändern! Immer dann, wenn wir wichtige Dinge für unser Sozialverhalten lernen, wenn wir Erfahrungen machen, vernetzen sich Nervenzellen neu. Bei depressiven und ängstlichen Menschen sind zu wenige Nervennetze im Hippocampus vorhanden. Die Neuroplastizität wirkt in diesen Fällen wie ein Antidepressivum, wenn hier neue Nervenzellen gebildet werden.

Wir Menschen kommen nach Adolf Portmann, einem Schweizer Biologen des neunzehnten Jahrhunderts, als »physiologische Frühgeburten« auf die Welt. Heute wissen wir: Unser Geist formt sich tatsächlich ab dem ersten Tag an der Realität und ihren Notwendigkeiten. Neben der Veränderung der Synapsendichte gehört dazu auch die Tatsache, dass das Gehirn in den Lernzentren zeitlebens neue Nervenzellen bildet – ein wahres Reservoir für neue Nervennetze und damit neue Leistungen im Denken, Fühlen und Handeln. Die Anwendungsfelder sind vielfältig, und die Grenzen des Möglichen noch gar nicht erkennbar. Reparatur von Schlaganfall und Demenz, Ängste und Depressionen überwinden, Schmerzen ausschalten, neue Sicht auf die Dinge gewinnen, Selbstheilungskräfte gegen Krebs nutzen oder unliebsame Persönlichkeitseigenschaften loswerden – all das und mehr ist möglich, denn wir können uns jederzeit neu erschaffen!

Auf die äußere Welt haben wir häufig wenig Einfluss: Ob es regnet, ob der Chef unangenehm ist, ob wir mit einer Krankheit konfrontiert werden, das liegt nicht in unserer Hand. Worauf wir allerdings immer Einfluss haben, ist, wie wir all das als Erfahrung für uns zusammenbauen. Unsere Erfahrung ist nämlich auch das, was unsere Neuroplastizität formt. Das Großartige in diesem Zusammenhang ist: Wir müssen nicht unbedingt reale Erfahrungen machen, sondern es reicht, wenn wir sie im Kopf erleben, um eine Veränderung herbeizuführen!

Anhand eines Beispiels ist das rasch veranschaulicht: Wer einen Vortrag vor tausend Menschen vor sich hat, kann sich nicht live darauf vorbereiten, weil es kaum möglich ist, die

Situation vor so vielen Zuschauern ein paar Mal zu üben. Aber im Kopf ist es machbar, das zu trainieren – wenn wir wissen, wie man so etwas angeht. Denn wer wir sind, ist nicht in Stein gemeißelt, sondern ist nichts anderes als das Ergebnis unserer bisherigen Erfahrungen. Wir haften etwa an Ängsten aus Gewohnheit an, weil leiden einfacher ist, als etwas zu verändern – auch wenn das absurd klingen mag. Aus einer bekannten Angst auszubrechen, erfordert Energie und stellt einen Lernaufwand dar, weil man sich verändern muss. Die Ressourcen dafür sind allerdings vorhanden. Die österreichische Schauspielerin Romy Schneider soll einmal gesagt haben: »Ich kann nichts im Leben, aber alles auf der Leinwand«. Das zeigt wunderbar, dass sie die Voraussetzungen für alles hatte, weil sie es ansonsten im Film nicht hätte spielen können, aber offenbar konnte sie viele ihrer Ressourcen im echten Leben nicht umsetzen, um zu erreichen, was sie sich gewünscht hätte.

Unser Gehirn als Verhinderer oder grandioser Verbündeter

Das Wunderbare an unserem Gehirn ist wie gesagt, dass wir die für die Veränderung notwendigen Erfahrungen nicht unbedingt im Original brauchen, kein echtes Erlebnis benötigen – es reicht die Simulation dessen, was wichtig für ein neues Verhalten ist. *Virtual Reality* ist diesbezüglich das Stichwort, das wir uns merken sollten. Die Hirnforschung hat klar gezeigt, dass die Aufmerksamkeit der Schlüssel zur Veränderung von Strukturen im Gehirn darstellt und die Vorstellung eines Ereignisses weitgehend dieselben Nervennetze aktiviert wie die tatsächliche Erfahrung. Unser Gehirn spielt immer einen Film ab – ob nun echte Signale aus der Umwelt über die fünf Sinne hereinkommen oder alles nur

Fantasie ist. Dafür sind viele Hirnregionen verantwortlich: wieder der präfrontale Cortex – der Frontbereich hinter der Stirn –, in dem Sensorisches mit Emotionen verwoben geladen wird, wo wir demnach bewerten, entscheiden und Impulse kontrollieren; der Hippocampus, in welchem Erfahrungen abgespeichert werden; die Amygdala, in der sich unsere Ängste eingraben; das Belohnungszentrum, mit dem wir positiven Erlebnissen nachjagen; und die Basalganglien, in denen sich die Wiederholungen und Muster festsetzen.

Für ein besseres Gesamtverständnis ein kurzer Überblick zum menschlichen Gehirn (Ausführlicheres dazu finden Sie in unserem Buch »*Gewinner grübeln nicht*«):

Das Gehirn besteht aus etwa hundert Milliarden Nervenzellen (Neuronen), die über rund hundert Billionen Verknüpfungen (Synapsen) miteinander kommunizieren und das hervorbringen, was wir als Wahrnehmung – konkreter als Sehen, Hören, Tasten, Riechen und Schmecken – sowie als unsere Psyche – und damit als Denken, Sprechen, Fühlen – bezeichnen. Eine Nervenzelle ist somit im Durchschnitt mit zehntausend anderen Nervenzellen verbunden! Allerdings ist nicht die Dichte, sondern das Muster von neuronalen Verknüpfungen für neurale Funktionen entscheidend. Ein Organisationsprinzip des Gehirns ist etwa die Abbildung von Nachbarschaftsverhältnissen: Was im Körper nebeneinanderliegt, wird auch in unseren Hirnarealen gern nebeneinander repräsentiert.

Unser Gehirn lässt sich grob von unten nach oben in Hirnstamm, Zwischenhirn und Großhirn einteilen. Hinten hängt noch das Kleinhirn dran, das unsere Bewegungskoordination und Feinmotorik ermöglicht. Das Großhirn ist wiederum in verschiedene Areale eingeteilt. Für die in diesem Buch zusammengefassten Betrachtungen ist der vordere Bereich des Großhirns (Stirnlappen oder präfrontaler Cortex) bedeutend. In diesem Gebiet finden wir nämlich neben der Aufmerksamkeit, der Planung und dem inneren Probehandeln die Kontrolle unserer Emotionen. Außerdem werden hier unsere Glaubenssätze abgespeichert. Durch unser Stirnhirn ist es uns möglich, reflektierend und tiefgründig über unsere Vergangenheit nachzudenken und mögliche Zukunftsszenarien detailreich durchzuspielen.

Nochmal zurück zum präfrontalen Cortex: In ihm sitzen die zwei mächtigsten Instrumente für ein selbstbestimmtes Leben, nämlich unsere Aufmerksamkeit, also die Fähigkeit, unsere bewusste Wahrnehmung zu steuern, und – in Kombination mit dem Erfahrungslernen des Hippocampus und dem Langzeitgedächtnis in der Großhirnrinde – unsere Vorstellungskraft und mit ihr das Vermögen, unsere bewusste innere Wahrnehmung zu erzeugen und zu verarbeiten. Zusammen bilden sie unser bewusstes Erleben, mit dem wir in der Lage sind, unsere Zukunft gezielt zu entwerfen.

Im Zwischenhirn, das unter das Großhirn eingebettet ist, finden wir unter dem in der Mitte liegenden Thalamus den Hypothalamus. Der Thalamus fungiert als »Tor zu unserem Bewusstsein«, denn er entscheidet, was wichtig genug ist, um ins Bewusstsein zu gelangen. Und der darunterliegende Hypothalamus ist als das Regulationszentrum für Atmung, Herzschlag, Kreislauf, Nahrungs-, Flüssigkeits- sowie Wärmehaushalt zu verstehen. Zusammen mit dem Hirnstamm bildet der Hypothalamus jene grundlegende Struktur, die für unser unmittelbares Überleben wichtig ist, denn er und der Hirnstamm fungieren als Basis unserer Existenz. Sie finden sich in ähnlicher Form übrigens bei allen Wirbeltieren. Auch wenn wir etwas über das Gleichgewicht hören, ist dieser Teil gemeint, der wesentlich für die innere Balance zuständig ist. Am Hypothalamus hängt die Hypophyse, eine Drüse, die für Stressverarbeitung, Wachstum, Fortpflanzung und die zwischenmenschliche Bindung wichtige Neuropeptide in den Körper wie auch in andere Bereiche des Gehirns sendet.

Die Stressachse ist wiederum als Grundlage unseres Temperaments einzuordnen. Sie besteht aus den beiden Anteilen »aufregen« und »abregen«. Das Abregen wird durch die Feedback-Schleife des Cortisons hervorgerufen, welches sich an Rezeptoren im Hippocampus bindet. Negative frühkindliche Erfahrungen können dieses System leider von Anfang an unangenehm aus dem Gleichgewicht bringen. Probleme aller Art nehmen rasch belastende Auswüchse an: Wir meiden etwa andere Menschen, reagieren neurotisch oder übertrieben ängstlich.

Das limbische System gilt schließlich als Sitz des Psychischen: Hier halten sich unsere unbewussten Gefühle, Motive und Ziele auf und werden verarbeitet, bevor sie als ein »Ergebnis« ins Bewusstsein gelangen. Dabei handelt es sich nicht um eine zusammenhängende anatomische Struktur, sondern vielmehr um eine funktionelle Einheit: Unser Gefühlszentrum bildet einen Gürtel um die Basalganglien und den Thalamus und zieht sich wie eine Schleife um Teile des Großhirns und Hirnstamms. Der cinguläre Gyrus, die Amygdala und der Hippocampus sind wichtige Teile dieses limbischen Systems. Auch das aufmerksamkeitsbasierte Lernen von Wissen und Erfahrungen sitzt demzufolge im limbischen System.

Wie ein Datenspeicher für Emotionsreaktionen vergleicht die Amygdala äußere Reize mit bereits Erlebtem und schlägt bei möglicher Gefahr – wie unter Umständen auf einer finsteren Straße – Alarm, löst also Angst als Hinweis auf etwas Gefährliches in uns aus. Angstlösende Substanzen wie Diazepam beruhigen sie. Der bereits erwähnte Hippocampus ist als unser Sitz des Lernens und unseres Gedächtnisses für den Übergang vom Kurzzeit- ins Langzeitgedächtnis zuständig. Was wir tagtäglich erleben, wird zunächst in ihm abgespeichert und dann – je nach Bedeutung für uns – ins langfristige Gedächtnis übermittelt. Der Hippocampus kann auch im Erwachsenenalter noch neue Nervenzellen bilden, und zwar jeden Tag siebenhundert davon. Wer gut im Kopfrechnen ist, hat es längst herausgefunden: Weil wir zwei Gehirnhälften haben, sind das über eine halbe Million neuer Nervenzellen pro Jahr! Erstaunlich, nicht wahr?

Die Basalganglien stellen Groß- und Zwischenhirnkerne dar, also Klumpen von Nervenzellen, die unterhalb der Großhirnrinde sitzen. Wenn wir morgens aufstehen, uns waschen und die Zähne putzen, zur Arbeit gehen oder fahren, machen wir all das relativ automatisiert. Schon in »*Gewinner grübeln nicht*« haben wir erklärt, dass etwa fünfundvierzig Prozent unserer täglichen Tätigkeiten auf solchen Automatismen beruhen. Für genau diese sind die Basalganglien zuständig. Sie bereiten unser Verhalten vor und speichern unsere Bewegungsmuster und Gewohnheiten wie eine Art Handlungsgedächtnis ab.

Auch wenn hierzu nach wie vor vieles wissenschaftlich im Dunkeln liegt – vor ungefähr drei Millionen Jahren könnte es passiert sein: Unsere Urahnen haben eine gewaltige Wachstumsexplosion ihres Gehirns erfahren. Im Stirnlappen hat sich eine Komplexität ausgeformt, die unser bewusstes Erleben auf ein höheres Level gebracht hat. Dadurch erhielten die Urmenschen die Gabe, tiefgründig über die Vergangenheit nachdenken und mögliche Zukunftsszenarien im Kopf detailreich durchspielen zu können. Wir vermögen einerseits aus dem, was wir erlebt haben, tiefgreifend zu lernen – und andererseits die Zukunft strategisch detailliert zu planen. So lassen sich Fehler vermeiden, die tödlich enden könnten. Leider führt uns dieses System in der Realität aber auch rasch auf Abwege: Der Blick zurück nährt allzu oft Ärger, Trauer, Problemdenken – und der Blick nach vorne macht uns häufig Angst, führt zu Sorgen und Zweifel. Warum ist das so? Weil wir ein »neurologisches Ungleichgewicht« in uns haben: Unser Gehirn bewertet Negatives viel stärker als Positives. Sie kennen das sicher: Ein Kompliment ist lange nicht so eindrücklich wie eine negative Kritik! Oder haben Sie sich schon mal genauso lange darüber gefreut, keinen Strafzettel bekommen zu haben, wenn sie die bezahlte Parkzeit überschritten hatten, wie Sie sich umgekehrt geärgert hätten, wenn Sie beim Zurückkommen den gefürchteten weißen Zettel an der Windschutzscheibe Ihres Autos vorgefunden hätten? Eben! Wir sind in erster Linie auf das Vermeiden möglicher Gefahren angelegt. Ähnliches haben wir bereits im Zusammenhang mit materieller und sozialer Belohnung festgestellt, als es darum ging, dass eine tatsächliche Gehaltserhöhung nicht so viel Eindruck hinterlässt wie eine erwartete, aber nicht erfüllte. Das Negative prägt sich generell stärker ein als das Positive. Evolutionär ist das durchaus sinnvoll, denn es ist natürlich klüger, wegzulaufen, wenn der Säbelzahntiger uns anknurrt, als das noch so leckere Mammutfleisch in blindem Optimismus weiter zu verzehren. Zudem ist es vorteilhaft, eine als gefährlich ausgemachte Gegend künftig zu meiden, selbst wenn es dort wohlschmeckende Früchte gibt. Hier wägen wir ab und bewerten Gefahren als gewichtiger. Denn – wie wir schon zu Beginn festgestellt haben: Probleme ziehen uns förmlich an. Haben die Urmenschen dem Negativen zu wenig Bedeutung beigemessen, war ihr Überleben unmittelbar gefährdet. Was in der Savanne dienlich war, kann in unserer Gesellschaft heutzutage allerdings rasch zum Krisenfall werden: Wir treffen durch Risikoaversion falsche Entscheidungen, leiden unter Dauerstress und verpassen zudem noch Chancen. Umso wichtiger ist es, aktiv an einer Veränderung zu arbeiten, damit uns der Impuls der ersten Menschen nicht in unserem heutigen Leben im Weg steht.

Die schlechte Nachricht – und die Lösung dazu

Das Dumme ist, dass wir auf die an der Veränderung beteiligten Gehirnregionen keinen direkten Einfluss haben:

Unsere Entscheidungen werden unbewusst getroffen, Erfahrungen machen wir automatisch, Angst wird schon abgespeichert, noch bevor wir die Schlange, die Spinne, den Prüfer, den strengen Chef oder die bösartige Schwiegermutter bewusst wahrgenommen haben. Aus diesem Grund können wir mit unserem Verstand, der im obersten Bereich des Stirnhirns sitzt, nicht direkt verändern. Innere Instruktionen im Selbstgespräch wie »Reiß dich zusammen!«, wenn wir die Torte oder die Chips-Packung vor uns liegen sehen und schier nicht widerstehen können, führen deshalb nicht zu einer Veränderung – weil die wahre und nachhaltige Veränderung anderswo passiert: weiter unten, im Zusammenspiel der Amygdala mit dem Belohnungszentrum, also durch Vermeidung oder Motivation.

Aber Sie erinnern sich an eines der eingangs gelüfteten Geheimnisse über das menschliche Gehirn: Es liebt Probleme – aber eben nicht nur Probleme, sondern ebenso deren Lösungen. Voilà: Was mit Befehlen, Vorsätzen und Instruktionen von innen oder außen nicht funktioniert, das ist mittels Erfahrungen möglich! Aus Sicht der Neurowissenschaften ist unser Gehirn ein Organ, das zum Lernen gemacht ist, denn es sucht Zeit seines Lebens nach Herausforderungen – und freut sich, wenn es sich ihrer annehmen darf. Unsere Verhaltensweisen und Handlungen unterliegen dem Einfluss unserer Einstellung und unserer Wahrnehmung. Sie gründen sich in unseren Denkweisen und Emotionen. Die meisten Menschen versuchen daher – sogar nachvollziehbarerweise –, an ihrem Verhalten zu drehen, wenn sie etwas verändern möchten. Doch Ergebnisse und Handlungen sind eben nur die Symptome – die Ursache von allem ist im Mentalen begraben.

Bei der Geburt eines Menschen liegen die meisten Nervenzellen oder Neuronen im Gehirn als Quelle für neue Verdrahtungen und weitere Nervennetze vor. Ab unserem Eintritt ins Erdenbürgerdasein kommt es durch zahlreiche

Lernvorgänge zu einer explosionsartigen Zunahme der Verbindungen in unserer Kommandozentrale. Im Laufe der menschlichen Entwicklung wird dieses Überangebot an Synapsen in Abhängigkeit von deren Nutzungsgrad wieder abgebaut. Für die Auswahl von Verbindungen sind demnach Erfahrungen essentiell. Die sich für die Verarbeitung als nützlich erweisenden Kommunikationsstellen werden weiter verstärkt und differenzieren sich funktionell aus und können so effektiver arbeiten. Dabei spielen die Erfahrungen, die wir als heranwachsender Mechanismus machen, eine entscheidende Rolle. Unsere Erlebnisse und die damit verbundenen Gefühle garantieren, dass sich unsere neuronalen Systeme bestmöglich auf die Anforderungen in einer bestimmten Umwelt und Umgebung einstellen. So hat ein Uhrmacher optimierte Hirnregionen in der Feinmotorik, ein Turner in der Bewegungskoordination und ein Dirigent im Hörzentrum.

Im Leben eines Menschen gibt es Phasen, in denen die Veränderbarkeit und die Veränderung des Gehirns – die Plastizität – stärker ist als in anderen Zeitspannen. Die Wissenschaft spricht von »sensiblen Phasen in der Entwicklung«, wenn während bestimmter Lebensphasen spezifische Erfahrungsmöglichkeiten gegeben sein müssen, damit sich eine Funktion voll entwickelt. Sensible Phasen sind Zeitfenster erhöhter Plastizität, was nichts anderes bedeutet, als dass das Gehirn während dieser Etappen besonders anfällig für funktionelle und strukturelle Veränderungen ist. Für Wahrnehmungs- und Denkprozesse sowie für das Verhalten bedeutet das: Das System lernt besonders leicht und schnell. Lernen ist deshalb als eine psychische Funktion zu verstehen, die aus der Neuroplastizität des Gehirns hervorgeht. So ist es für ein Kind vergleichsweise einfacher, eine Fremdsprache zu lernen, als für einen Erwachsenen. Trotzdem gilt die altbekannte Regel »Was Hänschen nicht lernt, lernt Hans nimmermehr« nicht – und kann darum nicht als Ausrede herangezogen werden –, denn das erwachsene Gehirn ist durchaus in der Lage, veränderbar zu reagieren, wenngleich nicht in so hohem Maße wie das Gehirn eines Kindes.

So geht Veränderung: Die wichtigste Frage, die Sie sich stellen können

Die wichtigste Frage, die Sie sich stellen können, ist: »Warum?« Aus welchem Grund wollen Sie mit dem Rauchen aufhören, Ihre Ernährung umstellen, eine bewegungsintensivere Lebensweise angehen oder nicht immer alles so negativ sehen? Welche positive Erfahrung werden Sie machen, wenn Sie das erst geschafft haben? Ein paar Ideen – ins Blaue hineingeraten – für die Raucher unter Ihnen, die gern zum Nichtraucher werden würden: Werden Sie dann wieder besser atmen können? Für jene, die sich gesünder ernähren wollen: Werden Sie dadurch in Ihr Traumkleid passen oder eine Krankheit einbremsen?

Die Formel für Veränderung, die wir uns im Laufe dieses Buches noch ganz genau ansehen werden, lautet heruntergebrochen: Spielen Sie gedanklich durch, in welchen Bereichen Ihr Leben besser, attraktiver, glücklicher sein wird, wenn Sie geschafft haben, was Sie sich vornehmen wollen! Das ist der erste Schritt – und die halbe Miete! Genau dadurch wird Ihr Gehirn nämlich neu programmiert. Und damit wird es irrelevant, dass wir keinen direkten Einfluss auf die wesentlichen Hirnzentren haben, die für unser Verhalten und unsere Gewohnheiten zuständig sind – weil wir es indirekt trotzdem hinkriegen. Denn das ist der Schlüssel zur wahren Veränderung: zu planen, es strategisch anzugehen, um neue Erfahrungen zu machen, die sich das Gehirn dann merkt. Denn mit gezielten Erfahrungen können wir unser Gehirn zum Wachsen und Erblühen bringen! »Nicht wir machen Erfahrungen, sondern unsere Erfahrungen machen uns«, soll der französisch-rumänische Schriftsteller Eugène Ionesco einmal so überaus trefflich formuliert haben.

Unsere Persönlichkeit ist auf der untersten Ebene – auf jener der Stressachse – recht fix, weshalb unser Temperament, welches ausmacht, ob wir eher introvertiert oder extrovertiert sind und ob wir Probleme als Herausforderungen oder als Schwierigkeiten betrachten, grundsätzlich starr festgelegt ist. Auch Bindungserfahrungen sind rückwirkend nur schwer zu verändern, aber alles, was darüber liegt – Empathie, Sozialverhalten, emotionale Konditionierungen, Ängste zu verlernen, Motivation herzustellen und mehr –, ist gut trainierbar und führt auf direktem Wege (wenngleich durch einen indirekten Zugang zum Gehirn) zu den gewünschten Erfolgserlebnissen. Neuroplastizität steht für diese lebenslange Fähigkeit des Gehirns, neuronale Verbindungen im Nervensystem zu verändern. Neuronale Verbindungen sind demnach nicht starr und unflexibel, sondern unterliegen auf Grund von verschiedenen funktionellen Geschehen – wie etwa bei Lernprozessen oder nach Verlust von Nervenzellen oder ganzen Hirnarealen – der Veränderung. Dabei besitzt das Gehirn sowohl die Fähigkeit, die Stärke der synaptischen Übertragung zu verändern (funktionelle Neuroplastizität) – und damit die Muskelkraft zwischen den Synapsen –, als auch die Gabe, bei Verlust von Hirnteilen neuronale Netzwerke zu verändern (strukturelle Neuroplastizität). So wurde etwa bei Patienten mit Alzheimer bei Gedächtnistests eine Aktivierung von Hirngebieten nachgewiesen, die bei Gesunden nicht mit dieser Aufgabe verbunden sind. Auch bei Tumoren, die einzelne Hirnregionen zerstören, wurde eine Verlagerung der Aktivitätsmuster auf benachbarte Hirnregionen nachgewiesen; dasselbe gilt für die Reorganisation des Gehirns nach Schlaganfällen oder nach Amputationen.

Im Jahr 2000 wurde der Nobelpreis für Medizin dem US-amerikanischen Wissenschaftler Eric Kandel zuerkannt.

Er hat nachgewiesen, dass die Verbindungen zwischen den Neuronen im menschlichen Gehirn durch das Lernen zunehmen. Dieser Erkenntnis folgten Dank der Verbesserung von bildgebenden Verfahren hunderte von Untersuchungen, die zeigten, dass mentale Aktivitäten nicht nur Produkte des Gehirns sind, sondern es zudem formen. Außerdem konnten weitere erstaunliche Feststellungen gemacht werden: etwa, dass auch unser Bauch hundert Millionen Neuronen beheimatet, durch die er mit dem Gehirn wechselseitig kommuniziert. Neuroplastiker, die sich mit der Wiederherstellung von Nervenfunktionen beschäftigen, haben gelernt, diese breiten Nervenbahnen vom Körper zum Gehirn zu nutzen, um Heilungsprozesse zu erleichtern. Der Körper und die Sinne spielen bei einem Großteil der Heilungen des Gehirns eine Rolle – denken Sie nur an Heilpraktiker und Alternativtherapeuten, die fernöstliche Methoden wie Meditation, die Traditionelle Chinesische Medizin, Tai-Chi, Yoga oder Reiki einsetzen, um unter anderem durch mehr Achtsamkeit und Bewusstheit Neuverdrahtungen im Gehirn zu erzielen.

Ein unheimlich spannendes Beispiel dafür ist das folgende: Der kanadische Computerfachmann David Webber erkrankte mit dreiundvierzig Jahren an Uveitis. Das ist eine Autoimmunerkrankung, bei der Antikörper die eigenen Augen angreifen und so Entzündungen auslösen. Webber wurden entzündungshemmende Steroide gespritzt und er nahm zusätzlich Kortison ein, um das Immunsystem zu unterdrücken. (Zur Erklärung: Bei einer Autoimmunerkrankung ist das Immunsystem zu aktiv, zu aggressiv, und greift körpereigene Strukturen an – in diesem Fall die eigenen Augen. Das Immunsystem durch Steroide wie Cortison zu unterdrücken, bringt deshalb Linderung.)

Schließlich litt Webber unter Grünem und auch unter Grauem Star und unterzog sich infolgedessen fünf Operationen an den Augen – mit dem Ergebnis, dass eine Infektion nach einem der Eingriffe den größten Teil seines rechten

Auges zerstörte. Fünf Jahre nach der Diagnose und einer langen Leidensgeschichte, die ihn sogar seine berufliche Anstellung gekostet hatte, erklärte ihn sein Augenarzt für blind. Auch andere Ärzte, deren Meinungen er hinzuziehen wollte, versicherten ihm, dass er ohne Augenlicht leben werde müssen. Lediglich sein Hausarzt machte ihm Hoffnungen, indem er ihm eine alternative Methode der Behandlung empfahl, die der New Yorker Augenchirurg William Bates um 1919 entwickelt hatte. Dieser hatte damals herausgefunden, dass die Form des Augenballs deshalb negativ beeinflusst wird, weil die äußeren Augenmuskeln bei kurzsichtigen Menschen unter enorm hoher Spannung stehen. Aus diesem Grund hatte er für seine Patienten Entspannungsübungen entwickelt, die den Muskeltonus rund um die Augen senkten, wodurch das Sehvermögen deutlich verbessert werden konnten. David Webber erfuhr von seinem praktischen Arzt von der Erfolgsgeschichte des Israeli Meir Schneider, der mit einer Sehkraft von 20/2000 (zur Erklärung: ab 20/200 ist man blind) geboren wurde und nach achtzehn Monaten praktizierter Entspannungsübungen nach Bates tatsächlich ohne Brille lesen konnte. Doch es sollten noch zwei weitere Jahre vergehen, bis Webber, der zu diesem Zeitpunkt eine Sehkraft von 20/800 hatte, die für ihn geeignete Methode zur Heilung fand. Sein Zustand war mittlerweile erbärmlich: Er war depressiv, litt unter Schmerzen, hatte unkontrollierbare Schüttelanfälle und Stimmungsschwankungen und war zudem durch die Einnahme der vielen Medikamente verwirrt und vergesslich geworden. Er fühlte sich nachvollziehbarerweise außerstande, Entspannungsübungen durchzuführen. Auch die Übungen seines buddhistischen Meditationslehrers Namgyal Rinpoche, die zahlreichen Mönchen mit Augenkrankheiten geholfen hatten, konnte er zu seiner großen Enttäuschung nicht durchführen: »Ich war nicht einmal fähig, sie *(Anmerkung: die Übungen)* ein paar Minuten durchzuhalten. Meine zerstörten Sehnerven gaben ständig eine Flut von optischem Lärm in Form von weißen und grauen Blitzen in der Mitte meines Gesichtsfelds ab.« Er hatte Anzeichen eines verlärmten, aus der Ordnung geratenen Gehirns, das nur durch das Zusammenspiel von Bewegung und Bewusstheit wieder in Balance gebracht werden konnte, genauer gesagt durch die auf der Neuroplastizität begründeten, körperorientierten Feldenkrais-Methode, deren Namensgeber Dr. Moshé Feldenkrais eine Mischung aus Wahrnehmungsübungen, Visualisierungen und langsamen, bewusst ausgeführten Bewegungen zusammenstellte. Die Kombination aller Einzelbestandteile fördert die Neuroplastizität des Gehirns. Webber selbst schildert seinen Zugang als einen für ihn typischen für ihn als Netzwerkadministrator: »Wie baue ich ein Netzwerk wieder auf? Man geht dorthin, wo der meiste Transfer ist. Hand–Auge, klarerweise. Das hat doch die größte Repräsentation im Motorkortex.« Infolgedessen begann er zu überlegen, wie er seine Hände nutzen könnte, um seine Augen das Sehen neu zu lehren – und zwar auf Basis dessen, was Feldenkrais gelehrt hatte: »Nutze, was du gut kannst, um das zu lernen, was nicht so gut geht!« Und so geschah das Wunder, durch das es ihm wesentlich besser ging.

Ein Schlaganfall ist ein einschneidendes Ereignis im Leben eines Betroffenen, durch den es zu einem plötzlich einsetzenden Ausfall bestimmter Funktionen des Gehirns kommt, teilweise einhergehend mit einer Zerstörung des Gewebes. In schweren Fällen gehen komplette Bewegungsabläufe verloren, die aber unter Umständen wieder neu erlernt werden können, weil unser Gehirn sich auf lebenslanges Lernen eingestellt hat. Es ermöglicht deshalb Nervenzellen, sich zu reorganisieren, Ausfälle in gewissen Gehirnarealen zu kompensieren und sich in Abhängigkeit von ihrer Verwendung in ihren Eigenschaften zu verändern. Bei der Rehabilitation von Schlaganfallpatienten wird die Neuroplastizität zum

Wiedererlernen solcher verlorengegangenen Bewegungen genutzt. So wird beispielsweise bei der Mentastim-Therapie durch die Messung und Stimulation der elektrischen Aktivität von Muskeln die Fähigkeit des Gehirns bewusst für eine Neustrukturierung herangezogen, indem bestimmte Neuronen in gesunden Gehirnarealen die Funktionen des zerstörten Gewebes übernehmen. Einerseits braucht es dafür eine elektrische Stimulation, andererseits wird der Bewegungsablauf durch die Vorstellung von ihm wieder eingeübt. Der Betroffene kann so durch regelmäßige Wiederholung und eine positive Rückmeldung mit der Zeit wieder lernen, den Muskel zu steuern.

Einfache, aber in ihren Resultaten erstaunliche Tests bestätigen, dass schon die bloße Vorstellung Hirnreale vergrößern kann. So ließ der spanische Hirnforscher Alvaro Pascual-Leone Freiwillige ein simples Klavierstück üben und untersuchte anschließend die entsprechend motorischen Regionen im Hirn der Probanden. Das Ergebnis: Jener Bereich, der für die Steuerung der Fingerbewegungen verantwortlich ist, hatte sich vergrößert. So gesehen ist der bei Lehrern beliebte Vergleich des Gehirns mit einem Muskel stimmig, denn werden bestimmte Areale durch steten Gebrauch intensiver genutzt, entwickeln sich diese offenbar stärker und unsere Fähigkeiten und die speicherbare Information nehmen zu wie die Größe eines regelmäßig trainierten Muskels. In einem weiteren Experiment sollten sich Versuchspersonen nur im Geiste vorstellen, das Klavierstück zu spielen. Die erstaunliche Erkenntnis aus diesem Versuch: Auch in diesem Fall veränderten sich die exakt gleichen Hirnreale wie bei den tatsächlich Übenden! Was bedeutet das konkret? Allein durch das Denken oder mithilfe eines geistigen Trainings können physiologische Veränderungen des Gehirns durch Veränderungen der beteiligten neuronalen Schaltkreise bewirkt werden!

Verblüffend ist auch die Geschichte des Malers Esref Arma, der blind geboren wurde. Trotzdem ist er fähig, realistische Bilder von Gebäuden und Landschaften zu erschaffen, die er freilich nur aus Beschreibungen kennt. Obwohl sein Sehareal nie einen externen visuellen Reiz empfangen hat, ist der zugeordnete Hirnbereich so aktiv wie bei einem Sehenden. Lediglich durch die Beschreibungen der Objekte, welche er zu Papier bringt, erkennt sein Gehirn demnach mentale Bilder.

Wir sehen schon: Die bloße Vorstellungskraft bewirkt Enormes. Wir kennen ähnliche Effekte aus dem mentalen Training und der Psychotherapie. Bei diesen Ansätzen werden in geschütztem Rahmen neue Verhaltensweisen und Denkkonzepte ausprobiert und können zunehmend im Leben »draußen« umgesetzt werden. Stück für Stück werden so alte und hinderliche Denksysteme in neue umgewandelt, die uns zufriedener, selbstsicherer und hinsichtlich der Erreichung unserer persönlichen Ziele und Bedürfnisse erfolgreicher machen. Wenn Sie im Meditieren erfahren sind, ist Ihnen das nicht neu: Wer imstande ist, sich lange auf nur einen Gedanken zu konzentrieren, der ist auch fähig, negative Überlegungen gezielt zu überwinden. Werden Gedanken bezwungen, die einen bestimmten psychischen Leidenszustand hervorrufen, kann über die Funktion der Neuroplastizität eine physiologische Änderung jener Schaltkreise im Gehirn bewirkt werden, die diese negativen Eingebungen überhaupt erst hervorgebracht und zu Sorgen, Zweifeln, einer negativen Grundhaltung dem Leben gegenüber, aber auch zum Zwang, etwas Bestimmtes tun zu müssen, geführt haben.

Eine Untersuchung an englischen Jugendlichen hat ergeben, dass sich jene Region im Gehirn, die für die Regulation der Bewegungen des rechten Daumens zuständig ist, in den vergangenen zehn bis fünfzehn Jahren immer stärker ausgebreitet hat. Außerdem werden die Netzwerke rund um dieses Areal stetig dichter, was wiederum zur Folge hat, dass diese Region aktiver und besser ausgebildet wird. Dieser Umstand – Sie haben es sicher schon erraten – lässt sich mit der immer flächendeckenderen Verbreitung der Smartphones erklären, auf denen die Teenager mithilfe des Daumens Nachrichten schreiben. Die Ausbreitung neuer Kulturtechniken führt folglich eindeutig zu Veränderungen in unseren Gehirnen, denn das menschliche Hirn passt sich an die veränderten Nutzungsbedingungen an. Nur dadurch ist es uns möglich, zu lernen. Die Neuroplastizität scheint demnach ein Evolutionsfaktor zu sein, mittels dessen sich Menschen den Anforderungen der Umwelt sukzessive anpassen können und der zeigt: Das meiste im Leben ist *reine Kopfsache*! Viele Probleme wie Ängste, unkontrolliertes Grübeln oder Schmerz sind als neuroplastisches Phänomen zu verstehen. Das bedeutet, wir haben unser Gehirn irgendwann falsch »verdrahtet«. Doch wir wissen ja schon: Wo das Problem, da vielleicht auch die Lösung, denn Neuroplastizität ist der Schlüssel zum Umprogrammieren. Die wahren Bremser in dieser Entwicklung sind unsere Gewohnheiten. Ihre Ausführung wird durch die Ausschüttung von hirneigenen Stoffen belohnt – man nennt sie wohl deshalb die »lieben« Gewohnheiten. Viele Menschen fühlen sich beim Verzicht auf Gewohntes unwohl und lehnen deshalb Veränderungen ab, sogar wenn sie ihnen augenscheinlich Vorteile bieten. Darum muss die Belohnung, die durch eine Veränderung erreicht werden kann, deutlich höher sein als jene, die man durch das »Weitermachen wie bisher« erhält.

Zusammengefasst können wir sagen, dass die Basis für eine nachhaltige Veränderung wissenschaftlich gesehen einerseits von der Stärkung der Synapsen im Gehirn und andererseits von der Bildung neuer Nervenzellen, »Neurogenese« genannt, abhängt.

Was kann nun die Neuroplastizität im Alltag konkret unterstützen und verstärken? Das lässt sich recht einfach formulieren: Es geht um eine bestimmte Lebensweise, den richtigen Lifestyle. Je reichhaltiger die eigene Umgebung an Eindrücken ist, desto besser funktioniert die Neubildung von Zellen im Gehirn.

Auch klassische Musik hat Auswirkungen auf die Veränderung im Gehirn, weil sie überaus komplex komponiert wurde. Einen äußerst positiven Einfluss auf die Entwicklung neuer Nervennetze hat sie vor allem dann, wenn man sie nicht nur passiv hört, sondern aktiv produziert. Darum ist es auf mehreren Ebenen hilfreich, selbst im hohen Alter noch ein Instrument spielen zu erlernen: Wer das ernsthaft angeht, wird nicht nur im Spielen gut, sondern dessen kognitive Fähigkeiten verbessern sich allgemein enorm.

Physisch aktiv zu sein – in Form von moderater Bewegung – regt ebenfalls die Zellenneubildung an und sorgt dafür, dass der Hippocampus sich vergrößert, was eine stimmungsaufhellende Wirkung hat. Zudem verbessert sich durch Sport das episodische Gedächtnis, welches unsere Erfahrungen speichert, weil die Nervenzellneubildung in der entsprechenden Hirnregion durch körperliche Betätigung angeregt wird. Und die Ernährung trägt wenig überraschend ebenso einiges bei, wenn es um Neuroplastizität und Nervenneuzellenbildung geht: Wer seine Kalorienzufuhr um dreißig Prozent reduziert, erhöht damit sein verbales Gedächtnis, mit dem wir uns etwa Wortreihen merken und wenige Minuten später wiedergeben können, schon nach drei Monaten um zwanzig Prozent!

Neben einem aktiven Leben mit vielen Eindrücken und ausreichend Bewegung bildet die Aufmerksamkeit das Tor zur Neuroplastizität. Sie bestimmt, was in den Kopf reinkommen darf und über den Hippocampus ins Langzeitgedächtnis findet. Daher sind Ansätze, den Fokus auf Positives zu richten – vorrangig auf Entwicklung und Abwechslung – zu begrüßen.

Es geht vor allem darum, die neuen Nervenzellen richtig zu nutzen. Die Definition für »Wahnsinn« nach Einstein ist bekannterweise, immer wieder das Gleiche zu tun und aber andere Ergebnisse zu erwarten. Um diesem Wahnsinn zu entkommen, gibt es eine einfache Erfolgsformel: *Erfolg = Gewohnheit x Veränderung.* Der richtige Mix aus Routine und Abwechslung sorgt erwiesenermaßen für optimales geistiges Wachstum. Neuroplastizität ist ein kontinuierlicher dynamischer Prozess – die Hirnentwicklung ist ein sich selbst organisierender, durch Interaktion mit der Außenwelt gelenkter Ablauf. Die Verschaltung von Milliarden von Nervenzellen zu neuronalen Netzen geschieht in Abhängigkeit von den Nutzungsbedingungen und Erfahrungen.

Um auch das mal auszusprechen und uns zu verinnerlichen: Auf drei Bereiche in unserem Leben können wir Einfluss üben – auf Umwelt, Körper und Geist. Alle drei sind wichtig und ineinander verzahnt. Während unser unmittelbarer Einfluss auf die Welt und unseren Körper allerdings limitiert ist, haben wir in Bezug auf unseren Geist weit mehr Möglichkeiten: In dem Maße, wie sich unser Gehirn verändert, verändert sich auch unser Geist – etwa nach drei Gläsern Wein, oder wenn unser Gehirn durch eine Verletzung oder Demenz in Mitleidenschaft gezogen wird. Die Formel funktioniert auch umgekehrt: In dem Maße, wie sich unser Geist verändert, verändert sich unser Gehirn. Wenn wir etwa an einen geliebten Menschen oder eine besonders glückliche Erfahrung denken, erleben wir gleichzeitig neuronale Freudensprünge. Und nun das Beste: Wir können mit unserem Geist unser Gehirn verändern – und damit wiederum unseren Geist. Das ist selbstgesteuerte oder zielgerichtete Neuroplastizität.

Dreimal drei gewinnt!

In diesem Kapitel lernen Sie die Formel für dauerhafte positive Veränderung kennen: »Dreimal drei gewinnt!« Dabei geht es um drei Säulen für tiefgreifenden Wandel, welche die Basis bilden, danach um drei Regeln, die Ihnen helfen werden, Ihre Ziele zu erreichen, und abschließend um drei Erfolgsformeln für den Kampf gegen alle inneren Verweigerer, die sich Ihnen in den Weg stellen könnten. Lassen Sie uns beginnen! Denn wie es der ehemalige US-Präsident Barack Obama so treffend formuliert hat: »Change? Yes, we can!«

Drei Säulen für tiefgreifende Veränderung

Es gibt drei Säulen, die uns dabei unterstützen, unser Gehirn nachhaltig neu aufzubauen – gewissermaßen die besten Freunde der Neuroplastizität: Wiederholung, Emotion und Aufmerksamkeit. Da wir unsere bewusste Aufmerksamkeit aktiv ausrichten und auch sich wiederholende Muster und Emotionen gezielt beeinflussen können, haben wir mächtige Methoden zur Verfügung, um unser Gehirn und unsere Physiologie nach unseren Wünschen zu verändern.

1. Säule: Wiederholung ist die halbe Miete

Die Wiederholung ist Ihnen vermutlich am geläufigsten, wenn es darum geht, etwas Neues zu erlernen und zu verinnerlichen: Wir müssen ein neues Verhalten recht häufig an den Tag legen, es so oft wiederholen, bis es uns in Fleisch und Blut übergeht. Außer es geht um etwas Hochemotionales – dann reicht unter Umständen ein einziges Mal, wie das etwa bei der berührten heißen Herdplatte der Fall ist: Hier merken wir uns sofort, dass es keine gute Idee ist, dorthin zu greifen. In der Liebe ist uns dieses Phänomen genauso bekannt, wenn wir daran denken, wie einprägsam für viele das Kennenlernen oder das erste Date ist. Es soll doch tatsächlich Paare geben, die zusammenbleiben, obwohl die Liebe längst geschwunden ist, weil die Erinnerung an den Beginn so stark verankert und mit solch wunderbaren Gefühlen verbunden ist, dass sie die Beziehung nicht aufgeben möchten.

Wer gänzlich vom Prinzip der Wiederholung lebt, ist die Werbeindustrie: Tagtäglich werden wir mit denselben Botschaften bombardiert, bis sie sitzen und wir davon überzeugt sind, dass dieses eine Waschmittel am saubersten wäscht und das neueste Auto einer bestimmten Marke das sicherste ist. »Du bist nicht du, wenn du Hunger hast!« Na, haben Sie den TV-Spot dazu im Kopf? Oder kennen Sie den Slogan »Weil ich es mir wert bin«? Wenn Sie dazu Bilder vor Ihrem inneren Auge sehen, haben die Verantwortlichen der betreffenden Marke es gut gemacht und ihren Werbespruch oft genug wiederholt.

Gewohnheiten entstehen ebenfalls durch Wiederholung: Fahren wir den immer gleichen Weg zur Arbeitsstelle, brennt sich diese Strecke in unsere Basalganglien ein, die im Gehirn den Ort für unsere Muster ausmachen. Möchten Sie eine neue Gewohnheit wie regelmäßige Sporteinheiten etablieren, dann machen Sie am besten ein Ritual daraus: Wiederholen Sie den Sport stets zur selben Zeit, am gleichen Ort und in der gleichen emotionalen Verfassung. Irgendwann wird sich dieses neue Verhalten auf diese Weise automatisiert haben.

Fragen Sie sich, wie oft wir etwas wiederholen müssen, damit es zur Gewohnheit wird? Vielleicht haben Sie schon einmal von der »21-Tage-Regel« gehört. Mindestens drei Wochen soll es demnach dauern, um eine neue Gewohnheit zu erlernen. Sie dürfen Ihr Gehirn an dieser Stelle ein wenig ausmisten, denn diese Regel können Sie getrost vergessen. Sie ist zwar populär, aber falsch! Wie so oft bei Mythen beruht der Ursprung auch hier schlicht auf fehlerhaften Interpretationen: 1960 hat der US-Schönheitschirurg Maxwell Maltz in seinem Buch »Psycho-Cybernetics« geschrieben, dass seine Patienten mindestens einundzwanzig Tage brauchen, um sich nach einer Nasen-OP an ihr neues Gesicht zu gewöhnen. Abgesehen davon, dass es sich hierbei um keine Untersuchung nach wissenschaftlichen Kriterien gehandelt hat, verwechseln jene, die sich auf diese Beobachtung berufen, Gewöhnung mit Gewohnheit. Sich an etwas – wie ein verändertes Aussehen – zu gewöhnen, ist etwas gänzlich anderes, als sich eine neue Gewohnheit anzueignen.

Fundierter ging ein Forscherteam des University College London im Jahr 2010 der Sache mit den Angewohnheiten auf den Grund: Die Autoren der Studie – Lally, van Jaarsveld, Potts und Wardle – haben darin beschrieben, wie lange es braucht, einfache Gepflogenheiten zu automatisieren. Darunter fielen in ihrem Fall Verhaltensweisen wie etwa täglich eine Flasche Wasser zu trinken oder eine Viertelstunde laufen zu gehen. Es kam heraus, dass es im Schnitt sechsundsechzig Tage benötigt, um ein neues Verhalten wie automatisch in unser Alltagsleben zu integrieren. Allerdings waren die Ergebnisse je nach Versuchsperson und Gewohnheit so unterschiedlich, dass sich vor allem eines sagen lässt: Eine für alle Menschen und jegliche Angewohnheit gleichermaßen geltende Zeitangabe für Veränderung gibt es nicht!

Noch eine angebliche Faustregel findet man immer wieder: Es soll rund zehntausend Stunden Übung brauchen, um auf irgendeinem Gebiet Meisterschaft zu erlangen. Wenn es doch nur so einfach wäre! In einer populären und anerkannten wissenschaftlichen Studie konnte an Geigern gezeigt werden, dass Vertreter des obersten Niveaus weit mehr als zehntausend Stunden üben mussten. Möchten Sie dagegen das Autofahren, Klavierspielen oder Skifahren erlernen, reichen dafür rund fünfzig Stunden aus, um ein passabler Amateur zu werden. Bei diesem Trainingsumfang gehen nämlich erwiesenermaßen derartige Bewegungsabläufe in Fleisch und Blut über.

Sie sehen: Die alte lateinische Weisheit »Repetitio est mater studiorum« hat es bereits auf den Punkt gebracht, denn Wiederholung ist tatsächlich die Mutter unseres Lernens.

2. Säule: Emotion macht es nachhaltig

Wenn nur wenig Emotion mit einer Sache verbunden ist, benötigen wir viele Wiederholungen, um nachhaltigen Einfluss auf unser Verhalten zu erreichen. Es gibt übrigens auch Dinge und Ereignisse, die für uns doppelt besetzt sind, weil jeweils eine andere Hirnregion dafür zuständig ist: positiv *und* negativ.

Das ist den meisten beispielsweise in Bezug auf den eigenen Partner bekannt: Oft haben wir gemischte Gefühle für ihn, weil einerseits die Liebe da ist und andererseits irgendwelche Ärgernisse oder Streitigkeiten im Raum stehen. Mit der Hochzeit soll es einigen ähnlich gehen: Sie sind einerseits voller Vorfreude auf die Eheschließung, haben aber andererseits auch Bammel bis hin zu den berühmten kalten Füßen. Reisen ist aufgrund des unguten Gefühls, das manche haben, wenn sie ein Flugzeug besteigen, auch etwas, das man zwar kaum erwarten kann, das aber zeitgleich negative Emotionen in uns auslöst. Die negativen Aspekte führen automatisch zu einem Vermeidungsverhalten, während die positiven eine Belohnungserwartung nach sich ziehen. Eine solche heißkalte Mischung kann uns ganz schön durcheinanderbringen und überfordern. Neurobiologisch lässt sich das so erklären, dass Belohnungszentrum und Vermeidungsareale unterschiedliche Strukturen im Gehirn sind.

Wir alle streben nach Belohnung – das ist die Anziehungskraft. Und wir alle versuchen, Negativem auszuweichen – das ist unser Vermeidungsverhalten. Sie haben das vermutlich schon selbst erlebt: Sie wollen von jenem mehr haben, das sich angenehm anfühlt, aber zeitgleich vermeiden, was unangenehm werden könnte. Angst vor bestimmten Situationen führt so allerdings dazu, dass wir mit ihnen gar keine guten Erfahrungen machen *können*, weil wir sie zu vermeiden versuchen. In Wahrheit müssten wir uns unseren Ängsten stellen, um ein solches Muster zu durchbrechen. Umgekehrt wollen wir etwas, das irgendwann einmal gut geklappt hat, immer wieder reproduzieren. Wahrscheinlich kennen Sie auch das: Wenn wir an einer bestimmten Stelle einer Gasse eines Tages einen Parkplatz gefunden haben, kann es deshalb sein, dass wir immer wieder dort hinfahren, obwohl diese Strategie seither mehrere Male gar nicht mehr aufgegangen ist.

In negativer Hinsicht ist es wohl ebenfalls so, dass man wegen eines Vergehens anlässlich eines wichtigen Termins ewig generalisierende und an und für sich ungerechtfertigte Vorwürfe gemacht bekommt: Wer als Bräutigam zu spät zum Altar gekommen ist, muss damit rechnen, dass ihm seine Angetraute noch Jahre später unterstellen wird, er würde *immer* zu spät kommen. Auch was eine Hebamme bei der Entbindung eines Kindes kommentiert, prägt sich in das Gedächtnis der betreffenden Eltern und beeinflusst diese: Ein unbedachtes »Der ist aber noch schwach!« kann eventuell dazu führen, dass der betreffende Junge seine Kindheit und Jugend über ständig bekocht wird und sein Leben lang hören muss, er solle mehr essen. Wir sehen: Erlebnisse, die stark emotional eingefärbt sind, sitzen. Hierfür braucht es keine Wiederholung. Besonders Ärzte sollten sich dieser damit verbundenen hohen Verantwortung bewusst sein und einem angespannten Patienten, der angsterfüllt auf seine Diagnose wartet, feinfühlig begegnen und möglichst keine Aussagen wie »Oje, oje, das sieht gar nicht gut aus …« von sich geben, weil das extrem negativ beeinflussen und die Heilungschancen verringern kann. Aber dazu an späterer Stelle mehr …

3. Säule: Aufmerksamkeit ist der beste Trainer

Kommen wir nun noch zur dritten Säule: der Aufmerksamkeit. Sie ist deshalb so bedeutend, weil sich das Gehirn genau dort verändert, wohin wir unsere Aufmerksamkeit richten. Wir werden Ihnen später noch ein Affenexperiment vorstellen, welches genau das anschaulich zeigen konnte, da jene Areale in den Hirnen der Primaten aktiv wurden und sich zu vergrößern begannen, die von ihnen mit ihrem Fokus bedacht worden waren.

Unsere Aufmerksamkeit ist wie ein Staubsauger, der das, worauf er hingerichtet wird, aufnimmt – oder auch wie ein Magnet für das, was sich tief im Gehirn einprägen soll. Effektives Lernen erfordert, dass Sie sich voll und ganz auf die betreffende Sache einlassen. Wir haben schon zu Beginn festgestellt, dass unsere Aufmerksamkeit ein knapp bemessenes Gut ist. Überlegen Sie daher, ob Sie nicht zu stark im Problem statt in der Lösung, im Negativen statt im Positiven verharren, und welche Art der Aufmerksamkeit gerade angebracht ist!

Stellen Sie sich vor, Sie hätten Angst vor Spinnen, und auf der Wand oder auf dem Boden liefe gerade ein besonders fettes Exemplar dieser von Ihnen gefürchteten Gattung herum. Je näher Sie an das lang- und vielbeinige Tierchen herangehen würden, umso größer wäre das Problem für Sie, denn sobald Sie die Spinne in all ihren Details sehen könnten, würde Ihr Stresslevel naturgemäß deutlich zunehmen. Würden Sie sich hingegen weit von ihr entfernen – vielleicht sogar so weit weg, dass die Spinne irgendwann nicht mehr zu sehen sein würde –, bekämen Sie ein deutlich wohligeres Gefühl. Das Beschriebene ist die Dissoziation. Sie zeigt auf: Probleme aus der Distanz zu betrachten, schafft Platz für Lösungen. Was Sie dagegen aus der Nähe begutachten, wird an emotionaler Intensität gewinnen – hierbei handelt es sich um die Assoziation. Ängste besiegen Sie übrigens am wirkungsvollsten, indem Sie den Fokus auf das Angstauslösende aushalten, bis sich Ihr vegetatives Nervensystem beruhigt hat. Dazu bieten wir Ihnen später noch eine konkrete Übung an.

Am besten lernen Sie auch gleich, sich auf unterschiedliche Art und Weise zu fokussieren und Ihre Aufmerksamkeit rasch wechseln zu können. Davon werden Sie mannigfaltig profitieren! Der US-amerikanische Sportpsychologe Robert Nideffer hat bereits vier Formen der Aufmerksamkeit unterschieden. Demnach können wir unsere Konzentration nach innen oder außen richten – und eng oder weit. Was ist damit gemeint? Achten Sie mal auf Ihre Füße! Ihr Fokus liegt jetzt auf einem bestimmten Körperteil, und damit innen und eng. Richten Sie Ihre Aufmerksamkeit nun auf Ihren gesamten Körper! So sind Sie nach innen und weit ausgerichtet. Und jetzt konzentrieren Sie sich auf einen kleinen Punkt gegenüber von sich! Dadurch ist Ihre Aufmerksamkeit nach außen und eng gerichtet. Wenn Sie im Anschluss Ihre Lage im Raum wahrnehmen, wird Ihr Fokus weit und liegt wieder im Außen.

Solche Aufmerksamkeitsübungen verbessern Ihre Fähigkeit, zu fokussieren. Sie schärfen damit regelrecht Ihre

Wahrnehmung. Sportler müssen ihren Fokus übrigens recht schnell ändern können. So ist ein Fußballer, der seine Position in Richtung der anderen und zum Ball hin ausrichtet, nach außen und weit fokussiert. Schießt er einen Moment später den Ball ins Tor, war seine Aufmerksamkeit dabei wiederum im Außen und eng.

Problematische Situationen verengen unseren Fokus, sie engen unsere Wahrnehmung richtiggehend ein. Nehmen wir sie aus der Umwelt wahr, sind wir extern ausgerichtet. Wenn wir aber eine Lösung für unsere schwierige Lage finden wollen, brauchen wir einen weiten Blick. Wollen wir uns gar nicht erst vom Problem anstecken lassen, dann sollten wir mit der Aufmerksamkeit bei uns bleiben, also unseren Fokus nach innen ausrichten. Sie sehen: Die Kunst der Aufmerksamkeitsregulation ist gleichermaßen die Kunst, das eigene Leben zu meistern. Das Gute daran: *Sie* entscheiden, womit Sie Ihr Gehirn füttern.

Drei goldene Regeln für nachhaltige Veränderung

Grundsätzlich ist die Veränderung die einzige Konstante im Leben. Das will heißen: Veränderung geschieht ununterbrochen, ob wir es wollen oder nicht – nur eben nicht immer nach unseren Vorstellungen. Wir möchten uns in diesem Kapitel ansehen, wie Sie Veränderung gezielt einsetzen und so zum gewünschten Ergebnis gelangen können. Schon in der Antike erklärte der griechische Philosoph Heraklit, man könne nicht zweimal in denselben Fluss steigen. Damit hat er zu beschreiben versucht, wie sich alles ständig verändert. Anfang des zwanzigsten Jahrhunderts schrieb der deutsche Philosoph Ernst Bloch in »Das Prinzip Hoffnung«, einem seiner Hauptwerke: »Ich bin. Aber ich habe mich nicht. Darum werden wir erst.« Das beschreibt unvergleichlich trefflich, dass wir Menschen Wesen sind, die sich Zeit ihres Lebens in einem ewigen Prozess befinden und so andauernd im Werden sind.

Es gibt zudem unterschiedliche Möglichkeiten, das eigene Verhalten auch auf der bewussten Ebene zu verändern und die persönlichen Fähigkeiten zu entwickeln. So sind wir beispielshalber in der Lage, Techniken zu erlernen, durch die wir unsere Leistung steigern können: Sales-Methoden etwa, um erfolgreicher zu verkaufen, oder beim Autofahren sowie im Sport Verfahrensweisen, mit denen wir herausfinden, wie wir aus der Kurve noch mehr herausholen können, indem wir später bremsen oder dergleichen. Ein anderer Weg wäre die Modifizierung der Gegebenheiten: wenn wir unser Auto so umbauen, dass es leichter wird, damit es schneller über den Asphalt flitzen kann, wie das im Rennsport gemacht wird. Oder aber wir verändern die Umstände durch eine echte Transformation. Um beim Auto zu bleiben, hieße das, den Wagen gegen einen neuen einzutauschen, der moderner ist und aus diesem Grund schneller fahren kann.

Techniken können wir uns relativ einfach aneignen. Uns körperlich umzugestalten ist meistens ebenfalls kein Problem: Ein neuer Haarschnitt hier, regelmäßiges Training im Fitnesscenter da, und schon verändern wir uns optisch merklich. Doch mit der Wandlung unsere Persönlichkeit betreffend – nennen wir es: aus der Raupe einen Schmetterling zu machen – sieht es schon ein klein wenig anders aus. Auch wenn es zunächst bitter klingen mag, müssen wir an dieser Stelle festhalten: Aus Sicht der Hirnforschung ist das nicht möglich. Warum? Weil unser Temperament, das heruntergebrochen nichts anderes ist als unsere Art, mit Stress oder Problemen umzugehen, bereits extrem früh festgelegt wird – wir haben uns diesem Thema in »*Gewinner grübeln nicht*« ausführlich gewidmet – und darum tief in uns verankert ist. Wir können dennoch über bewusste und zielgerichtete Veränderung reden, denn einiges ist trotz der nicht optimalen Veranlagung, uns in den groben Wesenszügen nicht merklich verändern zu können, möglich! Wir müssen allerdings etwas dafür tun – und uns muss klar sein: Wir können uns nur *mit* unserer Persönlichkeit, aber nicht *gegen* sie verändern.

1. Regel: Flexibilität begünstigt Veränderung – reißen Sie das Ruder herum!

Beginnen wir bei der wichtigen Einsicht, dass wir andere nicht ändern können, sondern nur uns selbst. Das reicht aber oftmals schon, um die gewünschten Ergebnisse zu erzielen. Wenn Sie sich über Ihren Partner ärgern, weil der ein Verhalten an den Tag legt, das Sie schon ewig nervt, dann sollten Sie sich zunächst überlegen, was *Sie* anders tun können, damit sich die Situation verbessert.

Und damit kommen wir zu einem unheimlich wichtigen Aspekt: zur Flexibilität. Aus der Systemtheorie wissen wir, dass jenes Element, das am flexibelsten ist, die Entwicklung und den Ausgang einer Angelegenheit bestimmt. Etwas genauer erklärt: Das »Gesetz von der erforderlichen Varietät«, im Englischen »Law of Requisite Variety« genannt, das vom britischen Psychiater und Pionier der Kybernetik William Ross Ashby formuliert wurde, besagt, dass ein System, das ein anderes steuert, umso mehr Störungen im Prozess auszugleichen vermag, je größer sein Pool an Handlungsmöglichkeiten ist. Wer sich folglich in zwischenmenschlichen Beziehungen wie einer Lebenspartnerschaft oder mit Arbeitskollegen flexibler im Kommunizieren zeigt, hat den größeren Einfluss darauf, wie ein Gespräch abläuft und ein Konflikt ausgeht. Wenn ein Sales-Berater die oben erwähnten Verkaufstechniken lernt, ist das ein gutes Fundament für seinen Erfolg. Denn nur, wenn er rasch und flexibel auf die unterschiedlichsten Menschentypen eingehen und sich empathisch zeigen kann, verschiedene Denkweisen und Perspektiven in seinem Aktionsrepertoire zur Auswahl hat, kann er Verhandlungen dahingehend beeinflussen, dass sie so ausgehen, wie er das will. Auf diese Weise kann er in einem Diskurs jederzeit das Ruder herumreißen, die Führung übernehmen und den Zuschlag bekommen. Der dauerhafte Erfolg ist ihm damit sicherer als mit jeder Verkaufsstrategie.

Und hier kommt konkret das Fünf-Schritte-Programm zum Einsatz: Wer in Gedanken durchspielen kann, wie ein Verkaufsgespräch ablaufen soll, entspannt in selbiges hineingeht, fokussiert ist, wenn es schließlich stattfindet, die Erwartungshaltung hat, dass es zu seinen Gunsten ausgehen wird und sich auf Erfolg konditioniert hat, der hat die besten Karten in der Hand, um den Abschluss zu machen. Damit haben wir dem nächsten Kapitel vorgegriffen und Sie hoffentlich neugierig gemacht …

2. Regel: Runter vom Gas! Alles auf einmal geht nicht

Damit wir uns und der gewünschten Veränderung nicht selbst im Weg stehen, ist es essentiell, darauf zu achten, nicht zu viel auf einmal zu wollen. Auch alles so schnell wie möglich haben zu müssen, ist kontraproduktiv.

Vielleicht kennen Sie das von sich selbst: Wir beschließen, Sport in unseren Alltag zu integrieren und starten überambitioniert, indem wir sofort ein hohes Tempo vorlegen. Nachdem das für den Beginn zu anstrengend ist, wir unter Umständen Seitenstechen oder Atemnot bekommen, uns aber auf jeden Fall nach der Laufeinheit das Gefühl beschleicht, wir hätten uns jetzt aber echt abgerackert, verlieren wir genauso schnell wieder die Lust daran. Auf die berufliche Ebene übersetzt bedeutet das: Wir bauen beim Kunden oder Vorgesetzten im Gespräch zu viel Druck auf, weil wir schnell die angestrebten Ziele umgesetzt sehen wollen –

und vermasseln es genau deshalb. Langfristige Veränderung benötigt nämlich Zeit und geht außerdem in kleinen Schritten vor sich. Wir sollten nicht bei A losrasen, sondern von A nach B und nach C gehen, vielleicht auch zwischendurch ein paar Meter zurück, bevor wir weiter zu D marschieren, um irgendwann erfolgreich bei Z anzukommen. Dieser Prozess passiert durch »Leaden« und »Pacen« anderer Personen. Das bedeutet nichts anderes, als Menschen zu führen und sie zum Mitgehen zu bewegen, nachdem man ihr Vertrauen gewonnen hat. Dieses aus dem NLP bekannte Prinzip baut darauf auf, dass wir unser jeweiliges Gesprächsgegenüber nachahmen, und zwar bei allem, was dessen Stimme und Sprechweise betrifft – Wortwahl, Lautstärke, Sprechtempo – genauso, wie in Bezug auf seine Körperhaltung und Mimik. Das schafft eine vertrauensvolle Atmosphäre, innerhalb derer sich alle Beteiligten besser entspannen können. Selbstverständlich ist das eine Art der Manipulation. Wir gehen darum hoffnungsvoll davon aus, dass Sie diese Methode verantwortungsvoll und wohlwollend einsetzen und nicht nur zu Ihrem egoistischen Vorteil, denn das würde niemand mögen. Wer das außerdem zu plump macht, den anderen übertrieben nachäfft oder in Situationen leicht am Arm berührt – um Rapport herzustellen –, in denen das nicht stimmig ist, muss damit rechnen, entlarvt zu werden und den gegenteiligen Effekt zu erzielen. Denn wer möchte schon gern den Eindruck gewinnen, beeinflusst worden zu sein? Niemand, völlig richtig! Apropos: NLP genießt leider nicht den besten Ruf. Das liegt allerdings nicht daran, dass die Methode schlecht und manipulativ wäre, sondern daran, dass manche ihrer (der Öffentlichkeit bekannten) Anwender sie eben zu ihrem eigenen Vorteil und zum Nachteil anderer eingesetzt haben. Ähnliches kennen wir etwa auch aus Religionsgemeinschaften oder anderen gesellschaftlichen Systemen, in denen selten die Sache selbst schädlich ist, sondern sie von manchen ihrer Vertretern missbräuchlich angewendet wird. Uns geht es hier ganz klar um den Kern der tatsächlichen Technik des Neurolinguistischen Programmierens. Wir empfehlen aus diesem Grund, das Prinzip vom Leaden, Pacen und vom Rapport nicht auf diese Weise unterzubringen, sondern auf das Authentische, Echte und ethisch Vertretbare zu setzen, indem wir uns in eine Stimmung bringen, in welcher derlei menschliche Verbindungen automatisch entstehen, weil es passt. Wie funktioniert das nun? Wenn wir uns in einer Situation mit einer anderen Person befinden, sollten wir uns überlegen, was wir am anderen mögen, schätzen oder zumindest tolerieren können, um eine gute Beziehung zu ihm herstellen zu können. Sie werden sehen: In so gut wie jedem Menschen können Sie irgendetwas ausmachen, das Sie in Ordnung finden – selbst wenn es nur sein guter Haarschnitt oder der Duft des Parfums ist, das er trägt. Und dieses Bewusstsein führt dazu, dass sich alles anpasst, was es zum Leaden und Pacen braucht.

Zurück zum Tipp, nicht alles auf einmal zu schnell zu wollen: Der britische Gewichtheber James Clear beschäftigt sich aktuell ebenfalls mit genau diesen Dingen, denn er möchte als Coach seinen Klienten zu einem besseren Leben verhelfen. Und er bringt schön auf den Punkt, worum es auch uns geht, indem er sagt, es sei genug, wenn wir uns jeden Tag um ein Prozent verbessern – denn an einer einzelnen Schraube zu drehen ist auch seiner Erfahrung nach erfolgsversprechender, als gleich alles auseinanderzunehmen. Ein Prozent pro Tag ergibt in Summe nach einem Jahr außerdem ziemlich viel. Als Beispiel aus der jüngsten Geschichte nennt er das britische Radteam: Die Teammitglieder haben nach einer längeren Durststrecke begonnen, sich langsam zu verbessern, indem sie zuerst dafür gesorgt haben, dass die Reifen ihrer Räder leichter wurden, der Sitz ergonomischer gestaltet war, ihre Rennanzüge stromlinienförmiger waren, und die Massage zwischen den Trainingseinheiten optimiert wurde und vieles mehr. Innerhalb von zwei Jahren ist dieses Team wieder auf der Gewinnerstraße angekommen – durch Babyschritte, nicht in Siebenmeilenstiefeln.

Ideal ist es in zwischenmenschlichen Beziehungen folglich, wenn wir uns beim jeweils anderen ankoppeln, ihn ein Stück führen, dann erneut andocken, um das nächste Stück zu führen und so weiter. Wenn wir uns aber nicht gut angedockt haben, funktioniert das Ganze nicht. Das Gleiche gilt für das zu schnelle Leaden oder Davonrasen: Dieses Verhalten ist selten nachhaltig erfolgsgekrönt – und das nicht nur im beruflichen Kontext, sondern auch im privaten: Wer etwa zu Beginn einer Partnerschaft gleich mit Kinderwunsch und Hochzeitsplänen ins Haus fällt, verscheucht den neuen Liebsten recht schnell wieder. Falls *er* dann auf seinen Willen pocht, *sie* ihm hinterherläuft oder aber *er* sich gänzlich abwendet, könnte das vorzeitige Ende der Liebesbeziehung das Ergebnis sein, obwohl diese sich mit ein wenig Geduld womöglich zur Zufriedenheit beider hätte entwickeln können. Ausgleich ist die halbe Miete oder anders gesagt: Wenn sich das Ankoppeln und Führen abwechselt, hat das den optimalen Reiz für eine Paarbeziehung.

3. Regel: Fokus auf den Start

Ins Fitnessstudio zu gehen dauert vielleicht eineinhalb Stunden, aber die Sachen dafür anzuziehen, ist in zwei Minuten erledigt, sagt James Clear. So gesehen sollten wir uns immer auf den Start und nicht aufs Endziel konzentrieren, um im Leben voranzukommen.

Bestimmt haben Sie Ziele im Leben. Wenn wir Sie nun auffordern würden, sie genau zu formulieren – was würden Sie dann sagen? Vielleicht käme etwas wie »Ich möchte bis zum nächsten Sommer zehn Kilogramm verlieren!« Das wäre sogar ein recht konkretes Ziel – und trotzdem wäre es kontraproduktiv. Denn Sie hätten damit zwar eine Deadline und ein Endziel definiert, nicht aber den Prozess und den Weg, um dorthin zu kommen. Ihr Gehirn könnte gar nicht anders, als darauf mit Unverständnis und Stress zu reagieren. Würden Sie zusätzlich irgendwie aus dem Flow geraten, wodurch die Deadline nicht mehr einzuhalten wäre, bräche Ihr komplettes Vorhaben wie ein Kartenhaus in sich zusammen.

Was wir Ihnen damit sagen wollen? Sie brauchen eine klarere Anweisung und Ihr Blick muss auf den nächsten Schritt gerichtet sein – und nicht etwa auf das Ziel in der Ferne. Schließlich beschreibt Ihr Navigationsgerät im Auto auch nicht den Alexanderplatz, wenn Sie von Wien nach Berlin losfahren, sondern zunächst die erste Weggabelung. Also setzen Sie sich ein Ziel und fokussieren Sie dann auf den Weg dorthin! Wie schon Konfuzius sagte, beginnt auch die längste Reise mit dem ersten Schritt. Daher ist der Start der erste Meilenstein, den Sie zu meistern haben. Was liegt näher, als den Fokus auf eben diesen Start zu legen?

Ist es Ihr ausgemachtes Ziel, im laufenden Jahr hundertachtzig Artikel für Ihren Blog zu schreiben? Dann konzentrieren Sie sich bestmöglich darauf, am Montag einen Blogartikel zu verfassen, und wenn der Montag hinter Ihnen liegt, geht es darum, einen weiteren am kommenden Donnerstag zu kreieren. Dasselbe gilt natürlich für Ihre Steuerbelege, regelmäßigen Sport und sogar dafür, Ihren Zigarettenkonsum zu reduzieren: Fokussieren Sie auf eine »Rauchpause« und verlängern Sie diese Schritt für Schritt!

Ändern Sie einfach Ihren Fokus: weg vom großen Ziel – hin zum nächsten Start Ihrer Handlung! Diese geringfügige Veränderung kann einen gewaltigen Einfluss auf Ihr Leben haben. Denn plötzlich können Dinge gelingen, die vorher noch unmöglich schienen.

Drei Erfolgsformeln für den Kampf gegen den Schweinehund

Aller guten Dinge sind drei, und darum kommen zu den drei Säulen und den drei goldenen Regeln auch noch drei Formeln hinzu, die uns hilfreich unterstützen, wenn es um die konkrete Veränderung in unserem Leben geht:

1. Formel: Don't push but pull!

Wir glauben meistens, wir bräuchten Druck, um etwas verändern zu können. Doch das Gegenteil ist der Fall: Wir benötigen eine Sogwirkung, um echte Wende herbeizuführen! Ob Marketing oder Partnersuche – alles funktioniert bei näherem Hinsehen besser, wenn wir die Anstregung herausnehmen: Ein Verkäufer, der denkt, er würde das Geschäft zwar gern abschließen, aber es sei nicht zwingend nötig, wird mit weniger Leistungsdruck ins Gespräch gehen und dadurch bessere Chancen haben. Engagiert und motiviert sollte er selbstverständlich sein, aber ohne die Belastung, etwas zu *müssen*. Aus einem Gefühl der Fülle heraus lässt es sich besser agieren als aus einem empfundenen Mangel heraus. Es geht um die Freude am Tun im Gegensatz dazu, ständig nur das angestrebte Ergebnis im Kopf zu haben. Wer im Handeln ist, statt im Resultat, wird erfolgreicher sein. Genauso geht es Singles mit Partnerwunsch: Wer sich in den Gedanken verbeißt, allein nicht glücklich zu sein, wird wesentlich weniger wahrscheinlich jemanden anziehen, als jemand, der ausstrahlt, auch allein ein gutes Leben zu führen und einen Partner nur als Tüpfelchen auf dem i zu sehen. Denn Veränderung passiert dann am leichtesten, wenn man sich voll und ganz auf sein gegenwärtiges Sein einlässt. Anders gesagt: Wer annehmen kann, was er ist, verändert sich auf einmal zum Positiven. Das ist ein universelles, wenn auch paradoxes

Prinzip und hat ebenfalls mit *Sog statt Druck* zu tun und wir kennen es aus diversen Lebenssituationen: Wer verkrampft abnehmen möchte, wird nicht mal ein Kilo los. Wer es aber geschafft hat, sich zu akzeptieren wie er ist und den Ist-Zustand gut zu finden, bei dem purzeln die Pfunde manchmal wie von allein. Wer unbedingt ein Kind haben möchte und einfach nicht schwanger wird, empfängt oft nach der Adoption eines Babys unverhofft doch noch ein leibliches Kind – weil das Problem angenommen worden ist und mit ihm eine Lösung gefunden werden konnte und damit die Mühe und die Last draußen waren.

Eine Sogwirkung hat natürlich auch irgendwie mit Druck zu tun, allerdings wird etwas weggelassen. Sehen wir mal aus der physikalischen Sicht genauer hin: Sog entsteht, wenn dichtere Luft zur weniger dichten Luft drängt. Weil die weniger dichte Luft keinen Widerstand leistet, gibt es keinen Gegendruck. Weniger ist hier mehr – und genau das ist bei uns Menschen wie so oft *reine Kopfsache*!

Denken Sie nur an einige neuere Werbespots: Wenn wir beim Ansehen das Gefühl haben, die Firma will uns ihr Produkt nicht um jeden Preis schmackhaft machen, weil sie das nicht notwendig hat, gefällt uns das meistens wesentlich besser, als wenn uns verkrampft etwas verkauft werden soll.

Genauso ist es mit der Veränderung: Wir verändern uns selbst und die Umwelt zieht nach. Kann etwa ein Kleinkind nicht einschlafen, sollten sich die Eltern nicht fragen, was mit dem Nachwuchs nicht stimmt, sondern in sich gehen, um zu eruieren, was sie verändern und anders machen könnten, damit der Sprössling keine Ein- oder Durchschlafschwierigkeiten mehr hat. Psychotherapeuten erkennen solche Dynamiken im besten Fall und können – um im Beispiel zu bleiben – den betroffenen Eltern erklären, dass sie es sind, die den Druck erzeugen und folglich sie es auch sein müssen, die ihn aus der Angelegenheit herausnehmen. Das funktioniert auf sämtlichen Gebieten, wenn wir uns das genauer überlegen: Ein Flugzeug fliegt, weil der Sog es oben hält. Ein Magnet zieht Nägel durch den Sog an. Anziehung ist erfolgsversprechender als Druckmache. So einfach ist das!

2. *Formel: Name it to tame it!*

Oft braucht eine Tatsache oder Wahrheit lediglich formuliert und ausgesprochen zu werden, damit Erleichterung stattfinden kann. Auch das kennen wir aus allen erdenklichen Lebenssituationen: Wenn ein Kind sich beim Spielen wehtut und dann vor Schreck oder Schmerz weint, wird es leichter, wenn die Eltern aussprechen, was passiert ist: »Oje, dein Knie tut weh, weil du dich gestoßen hast!« Und schon lässt das Schreien oder Heulen nach. Wer lange diffuse Schmerzen hatte und sich schließlich mit einer ärztlichen Diagnose konfrontiert sieht, kann auf einmal irgendwie besser weitermachen. Wenn jemand seinen Partner in Verdacht hatte, fremdzugehen, fühlt er neben dem Schock und dem Leid meist das Wegfallen der Ohnmacht, wenn dieser es endlich beichtet.

Wenn Sie so überlegen – welche positiven Emotionen fallen Ihnen generell gerade ein? Und welche negativen? Geben Sie sich für diese kleine Übung doch zwei Minuten! Wahrscheinlich werden Sie bis dahin eine kurze Liste von Gefühlszuständen erstellt haben. Das Repertoire der menschlichen Emotionen ist aber wesentlich reichhaltiger, als wir es uns vorstellen können. Werfen Sie dazu doch einen Blick auf die Internetseite *http://kluge-liste.de/gefuehle_liste.html*! Sie werden womöglich erstaunt sein, wie groß die Bandbreite der menschlichen Gefühle, Empfindungen und Emotionen ist. Darum: Lernen Sie, Ihre Gemütszustände möglichst genau zu benennen! So nutzen Sie die Macht des »Name it to tame it«-Prinzips des US-amerikanischen Erziehers und Hirnforschers Dan Siegel am besten: Sie werden zum genauen Beobachter Ihres Innenlebens und erlangen Kontrolle darüber.

Warum ist das so, dass wir Erleichterung erfahren, wenn wir ein Gefühl oder Problem benennen? Weil wir mit Begebenheiten, die wir erkennen und formulieren, besser umgehen können. Wir aktivieren im Zusammenhang mit dem Problem unseren präfrontalen Cortex, gehen mit dem Fokus von der Emotion in die Kognition und damit von der totalen Involvierung hin zur Beschreibung, mit der Aufmerksamkeit vom Gefühl zum Gedanken – und damit von der emotionalen Überladung der Situation hin zur Beschreibung. Statt mit Widerstand reagieren wir letztlich mit Akzeptanz, und das bringt uns schließlich die (Er-)Lösung.

3. Formel: My mind is my castle!

Meditation hilft uns auf kaum vergleichbare Weise, Einfluss auf unser Denken zu nehmen. Schon allein die Trennung zwischen dem Denken und dem Denker zu erleben, führt zu einer Erleichterung. Wer meditiert, ist bewusst im Moment, kann seine eigenen Gedanken wie ein Forscher beobachten und dann etwa feststellen: »Ah, ich bin ja gar nicht mein Gedanke! Ich *bin* nicht eifersüchtig, sondern ich *mache* mich eifersüchtig!«

Durch das Meditieren wird außerdem das Stirnhirn aktiviert. Bereits nach rund acht Wochen der regelmäßigen Achtsamkeitsmeditation können diesbezüglich bei den meisten klar erkennbare Vorher-Nachher-Unterschiede im Gehirn beobachtet werden: Der präfontale Cortex wird gestärkt und der für Körperwahrnehmung und Schmerz zuständige insuläre Cortexpositiv wird beeinflusst. Wie gelingt nun eine gute Meditation? Wir können unkompliziert unseren Körper beobachten und mittels Bodyscan hineinspüren, wie sich alles anfühlt, indem wir unsere Konzentration auf die Stirn, den Bauch, den rechten Fuß oder den kompletten Körper gleichzeitig richten.

Oder aber wir gehen in die Weite und sehen uns den Raum an, in dem wir uns befinden, um uns dann die Umgebung rundherum und schließlich das ganze Universum vorzustellen. Oder wir konzentrieren uns auf etwas sich Wiederholendes wie das Atmen, oder auf ein Mantra – ja, es gibt viele Wege, die Aufmerksamkeit auf etwas Monotones zu richten und so zur Ruhe zu kommen. Wenn währenddessen andere, störende Gedanken kommen, geht es lediglich darum, diese anzunehmen, leidenschaftslos zu akzeptieren und weiterziehen zu lassen wie Wolken am Himmel.

All das verändert aber nicht nur unseren präfrontalen Cortex und verbessert damit unsere Aufmerksamkeitsregulation wie auch die Kontrolle unserer Emotionen – Meditation beeinflusst das gesamte vegetative Nervensystem, das lebenswichtige Körperfunktionen wie Verdauung, Atmung, Stoffwechsel steuert, positiv. Es aktiviert den Parasympathikus, jenen Teil des Nervensystems, der unseren Körper und Geist zur Ruhe kommen lässt. Schon von 2.500 vor Christus hat man Meditationsanleitungen gefunden – es dürfte sich demzufolge um Urweisheiten der Menschheit handeln. Am Lagerfeuer sitzend in die Flammen zu schauen, hatte zu Urzeiten bestimmt automatisch etwas Meditatives. Dann noch über die eigenen Sorgen zu reden, darüber zu lachen – fertig war wohl einst die Psychohygiene. Unsere modernen Lagerfeuer bildem gewissermaßen Fernseher und Computer, und in ihnen sehen wir ständig Gewalt wie Mord und Totschlag, Katastrophen und andere Dinge, die eben ganz und gar keine entlastende, beruhigende Wirkung auf Gehirn und Geist haben. Der US-amerikanische Molekularbiologe Jon Kabat-Zinn hatte hingegen wesentlichen Anteil daran, die Achtsamkeitsmeditation in der westlichen Welt bekannt und salonfähig zu machen. Er hat festgestellt, dass psychische Beschwerden von Patienten zurückgingen, wenn sie regelmäßig meditierten. Auch Schmerzen lassen sich dadurch nachweislich lindern. Dauerhafte körperliche Qualen sitzen im Gehirn, und eine Veränderung dieser Hirnstrukturen durch Meditation führt zu dem Ergebnis, dass deren Intensität oftmals nachlässt. Wenn Sie unter chronischem Unwohlsein leiden, kann ein regelmäßiger Bodyscan oder ein wiederholtes Wahrnehmen der Atmung eine merkliche Verbesserung bringen. Probieren Sie es doch aus!

The Big Five: Die fünf mentalen Erfolgskomponenten

»Beginne jetzt zu sein, was du in Zukunft sein wirst!« Was löst diese Aufforderung in Ihnen aus? Wie fühlen Sie sich, wenn Sie das lesen, was bedeuten diese Worte für Sie? Haben Sie ein Bild davon, was Sie insgeheim längst sein möchten? Gibt es ein Ziel, das Sie noch nicht terminisiert haben, das Sie aber bereits seit Längerem beschäftigt?

Dieser beindruckende, zuweilen aufrüttelnde Satz stammt übrigens vom US-amerikanischen Philosophen und Psychologen William James, der als Begründer der modernen Psychologie gilt. Jetzt sein, was wir in Zukunft sein wollen – wie können wir das faktisch umsetzen und bewerkstelligen? Wie können wir unser Leben erfolgreicher, gesünder und zufriedener zu gestalten und damit sofort beginnen, damit wir später genau das sein werden, was wir sein möchten? Zuerst die schlechte Nachricht: Viele Menschen leben weit unter ihren Möglichkeiten. Sie sind in ihrer Vergangenheit gefangen statt von einer positiven Zukunft angezogen zu werden, indem sie etwa einer verlorenen Liebe nachtrauern und sich nicht für neue potenzielle Partner öffnen können oder es nicht schaffen, einen beruflichen Fehlschlag abzuhaken, um das nächste Ziel in Angriff zu nehmen. Auf diese Weise verläuft das Leben allerdings in recht eingeengten Bahnen. Die Lösung für ein aktives, selbstbestimmtes Leben liegt in der Kombination von fünf Komponenten, die wir Ihnen in diesem Kapitel vorstellen möchten.

Sie werden sich jetzt vielleicht denken: »Aber Erfolgstipps gibt es wie Sand am Meer, doch hab' ich bis dato mit der Umsetzung keiner dieser Ratschläge wirkliche Erfolge gefeiert!« Wir wissen genau, was Sie meinen, denn auch wir kennen diese herkömmlichen Tipps und angeblichen Tricks. Leider berücksichtigen die wenigsten aber, wie das menschliche Gehirn funktioniert. Sie beschränken sich auf Floskeln wie »Du musst das Glas als halb voll und nicht als halb leer betrachten!« oder auf abgedroschene Phrasen wie »Du musst nur fest an dich glauben!« Auf diese Weise wird mit guten Ratschlägen nur der Verstand berücksichtigt – und so lediglich an der Oberfläche gekratzt. Doch das ist in diesem Fall anders! Wenn wir uns nämlich durch die Brille des Hirnforschers ansehen, was unser Verhalten tatsächlich – tiefgründig und nachhaltig – verändert, so sind das im Kern folgende fünf Elemente: Fokus, Entspannung, Vorstellung, Erwartung und Konditionierung. Lassen Sie uns gemeinsam einen genaueren Blick auf jede einzelne dieser Komponenten werfen!

1. Der Fokus bringt die Power

Sind Sie schon mal auf der Autobahn in einen Stau geraten? Dann haben Sie vermutlich irgendwann eine Stelle passiert, an der zwei, drei Wagen rechts am Pannenstreifen standen – und sich gewundert, warum nichts weitergeht, wenn doch die zusammengekrachten Autos die Fahrbahn gar nicht blockieren. Was war demnach passiert? Indem alle Vorbeifahrenden auf das Problem gestarrt und damit ihren Fokus auf die Schwierigkeiten gerichtet hatten, war weiter hinten der nächste Zwischenfall erzeugt worden: ein Stau, der weit mehr Menschen betroffen hat als nur jene, die einander aufgefahren waren und der gar nicht erst entstanden wäre, hätten die nicht am Unfall beteiligten Autofahrer ihre Aufmerksamkeit auf die freie Straße gerichtet.

Wir alle kennen ebenso folgendes Phänomen: Wenn wir nicht bei der Sache oder einfach unkonzentriert sind, passieren uns Missgeschicke und Fehler – wir können keine Höchstleistung bringen. Es ist freilich auch nicht immer notwendig, das bestmögliche Ergebnis zu erzielen – ein solcher Anspruch kann immerhin auch Druck auslösen. Allerdings wäre es schade, nicht beeinflussen zu können, wie gut wir in einer Sache abschneiden, die uns womöglich selbst besonders wichtig ist. In jenen Fällen, in denen uns die eigene Leistung am Herzen liegt, können wir die Umkehr dessen, dass Dinge nicht gelingen, wenn wir unfokussiert sind, berücksichtigen: Wenn wir fähig sind, für den Moment unwichtige Einflüsse auszublenden, sind wir erst so richtig fokussiert, und dann gelingt uns, was wir uns vorgenommen haben. Der wichtigste Aspekt für eine Spitzenleistung ist die Fähigkeit, Ablenkungen ausblenden zu können.

Stellen wir uns am besten vor, unser Fokus wäre ein Laserstrahl, den wir genau dorthin richten können, wo er uns gerade von Nutzen ist, weil wir unsere gesamte Aufmerksamkeit exakt auf diesem Punkt benötigen. Wollen wir demnach etwas in unserem Leben verändern, so müssen wir unseren Laser auf die Lösung des Problems richten – nicht auf das Problem an sich. Wie stark der Einfluss des Fokussierens – und ob wir uns auf das Positive oder das Negative konzentrieren – auf unser Gehirn ist, hat wieder einmal ein Experiment mit Affen nachvollziehbar gezeigt, das wir weiter vorne bereits angekündigt haben: Während die Probanden an der Hand berührt wurden, haben die Studienleiter zeitgleich einen Ton eingespielt. Die Primaten wurden schließlich darauf trainiert, auf eines von beiden zu fokussieren: auf die Berührung oder aber auf den Ton. Wenn sie die Aufgabe erfolgreich umgesetzt hatten, bekamen sie eine Belohnung in Form eines Fruchtsafts. Wenn sich ein Affe auf den Ton konzentrierte, geschah in jener Region seines Gehirns, die für Berührung zuständig ist, nichts – und das, obwohl er nach wie vor angefasst wurde. Galt seine Aufmerksamkeit dem Berührtwerden, wurde die betreffende Region in seinem Hirn größer. Daraus können wir schließen, dass das Gehirn in exakt jenen Bereichen trainiert wird, auf die wir unseren Laserstrahl richten.

Wenn wir es nicht schaffen, uns auf die Lösung eines Problems zu konzentrieren, bleiben wir in der menschenüblicheren Negativhaltung verhaften, die durch unangenehme Emotionen noch verstärkt wird. Denn eine negative Einstellung bewirkt einen Negativfokus, was wiederum negative Emotionen nach sich zieht, die einem Teufelskreislauf gleich erneut die Negativhaltung bestätigen und verstärken. Wir sehen immerhin die Welt nicht so, wie sie ist, sondern, wie *wir* sind! *Warum ist das so?*, fragen Sie sich vielleicht. Nun ja, stellen Sie sich vor, Ihr Nachbar würde frühmorgens bereits einen Höllenlärm produzieren und Sie würden zu jenen Menschen gehören, die sich davon extrem gestört fühlen. Wenn es nun laut wäre, würden Sie sich aufgrund Ihrer Haltung doppelt ärgern, während jemand, der den Lärm als Beweis für die Anwesenheit des Nachbarn ansehen könnte und diese schätzt, weil sie ihm spiegelt, dass er nicht allein auf weiter Flur ist, wesentlich weniger Schwierigkeiten mit dem Rasenmäher oder plärrenden Kindern hätte. Wie wir etwas erleben, hängt folglich von den Gefühlen, die wir damit verbinden ab, und welche Emotion wir mit bestimmten Ereignissen verbinden, steht damit im Zusammenhang, ob wir den Verursacher von lästigen Begebenheiten mögen oder nicht. Zurück zum Beispiel: Wenn Sie Ihren Nachbarn nicht kennen oder nicht leiden können, wird Sie jedes von ihm verursachte Geräusch stärker nerven, als wenn er ein Freund von Ihnen ist – da werden Sie uns sicherlich recht geben. Wenn Sie eine gute Beziehung zu besagtem Nachbarn haben, kann es sogar sein, dass es Sie so gut wie gar nicht stört, wenn er Ihre Ruhe beeinträchtigt. Wir sollten deshalb zu Menschen, die uns in irgendeiner Form ärgern oder Probleme bereiten, zunächst einmal eine Brücke schlagen. Wer es sogar schafft, optimistisch davon auszugehen, der Nachbar würde durch den von ihm hergestellten Lärmpegel lediglich auf recht tollpatschige Weise versuchen, Kontakt herzustellen, der hat die optimale Ausgangsbasis für dieses Aufbauen einer zwischenmenschlichen Beziehung geschaffen. Unnötig lautes Hämmern oder Heimwerkeln, wenn die Nachbarin gerade nach Hause gekommen ist – derlei Aktionen passieren, wenn sie nicht provokativ gemeint sind, freilich unbewusst. Deeskalierend kann in diesem Zusammenhang bereits ein erstes Gespräch über scheinbare Belanglosigkeiten sein, indem Sie sich etwa erkundigen, ob er gern hier lebt, Ihnen den berühmten Zucker borgen kann oder Sie in der Frage der Gartengestaltung beraten möchte.

Auch im Coaching-Bereich wird häufig mit der Regulierung des Fokus gearbeitet. Besonders erfolgreich ist dabei der bewusst herbeigeführte Perspektivenwechsel: Wenn ein Klient ein gröberes Problem mit einem Kollegen hat, das ihn schwer beschäftigt und belastet, kann es ihm helfen, seinen Blickwinkel zu verändern. Der Coach sollte ihn zum Beispiel auffordern, sich zu überlegen, was er tun könnte, damit die Differenzen noch vehementer werden. Auch die Frage »Können Sie mir sagen, was *ich* tun müsste, um mit jemandem einen ähnlichen Konflikt zu bekommen?« erweitert den Horizont und das Wahrnehmen der Möglichkeiten enorm, denn der Klient ist so gezwungen, seinen Coach auf dem Weg zur Beschaffung eines Problems anzuleiten. Auf diese Weise erkennt er: »Moment, verstehe! Mich genau andersherum zu verhalten, könnte dann vermutlich die Lösung sein!«

Bilderübungen sind ebenfalls hilfreich: Sehen Sie sich Bilder mit vielen Menschen oder solche, auf denen Trubel dargestellt wird, an und verweilen Sie bei jenen Stellen besonders lange, auf denen Personen oder Situationen positiv gezeigt werden. Seien Sie kreativ und erfinden Sie eine außergewöhnlich schöne Geschichte dazu! Oder aber setzen Sie sich in ein Kaffeehaus und nehmen Sie sich vor, bewusst etwas Positives zu beobachten!

Unsere Aufmerksamkeit neu auszurichten und gegebenenfalls zu regulieren, muss geübt werden, damit unsere neue Art zu denken überhaupt zu einer Gewohnheit werden kann. Das gelingt etwa mit »Dankbarkeitstagebüchern«. Diese Methode ist zwar trivial, aber nachweislich effektiv. Ob Sie nun jeden Abend vor dem Einschlafen fünf Erlebnisse notieren wollen, für die Sie dankbar sind oder solche, die besonders toll oder glücksbringend waren, bleibt gänzlich Ihnen überlassen. Wichtig ist nur, dass Sie mit diesen angenehmen Gedanken einschlafen, damit Ihr Gehirn lernen kann, die Konzentration auf das Positive zu richten. Der grandiose Nebeneffekt: Sie werden in Zukunft schon während eines jeden Tages darauf achten, was Ihnen Großartiges widerfährt, da Sie immerhin Ihr Tagebuch füllen möchten.

Um körperlich zu erfahren, warum Fokus Macht bedeutet, können Sie folgende Partnerübung durchführen: Einer konzentriert sich auf sein rechtes Ohr, während der andere ihn an der linken Schulter nach rechts schiebt. Dann wiederholen Sie das Szenario, fokussieren in der Position des »Ausgelieferten« allerdings diesmal auf Ihre beiden Füße. Sie werden staunen, um wie viel stabiler Sie nun stehen können!

Abgesehen davon sind die bereits mehrfach erwähnten Meditationstechniken eine wahre Wunderwaffe im Kampf um den glücksbringenden Fokus.

2. Entspanntheit – ohne Krampf geht's besser

Überlegen Sie mal für sich: Welche Bilder tauchen vor Ihrem inneren Auge auf, wenn Sie gehetzt herumlaufen? Und wie anders ist das, was Sie wahrnehmen, wenn Sie entspannt an einem für Sie attraktiven Platz sitzen? Machen Sie doch die Probe aufs Exempel! Wie fühlen Sie sich in welcher der beschriebenen Situationen? Die Antwort darauf führt Sie direkt ins nächste Thema, denn die zweite Komponente, mit der Sie in Kombination mit den anderen dreien der »Big Five« ab sofort auf Erfolgskurs gehen können, um so gut wie alles, was Sie sich vorgenommen haben, tatsächlich zu erreichen, ist einmal mehr eine gelassene Lebenseinstellung samt Entspannungsinseln. Wir haben schon in *»Gewinner grübeln nicht«* ausführlich über Stress und seine unmittelbaren und nachhaltigen Auswirkungen sinniert – hier sei nun das Wichtigste für dieses Fünf-Schritte-Programm nochmal auf den Punkt gebracht: In entspanntem Zustand geht uns alles leichter von der Hand. Innerlich gelöst sind wir problemlos fähig zu fokussieren. Wenn Sie sich schon mal mit geschlossenen Augen hingesetzt haben, um lockerzulassen und sich bewusst zu entkrampfen, werden Sie bestimmt festgestellt haben, dass Sie eher Bilder von schönen Erinnerungen oder erstrebenswerten Zukunftsvisionen im Kopf haben, als wenn Sie gehetzt herumeilen.

Sobald Körper, Geist und Gefühlsebene entspannt sind, gerät alles beinahe wie von selbst ins Fließgleichgewicht. Alles rund um uns und in uns kommt und geht dann, nichts ist zu dominant, wie das beispielsweise der Fall ist, wenn wir zu viel denken und dadurch ins Grübeln und Gedankenkreisen abgleiten. Eine entspannte Fokussierung erreichen wir schon, wenn wir uns einen Punkt an der Wand suchen und den äußerst bewusst fixieren. Probieren Sie es doch am besten aus! Sie werden sehen, dass Sie nach ein paar Minuten an nichts anderes mehr denken werden, weil wir nun mal Singletasker sind und es uns deshalb nach zehn bis zwanzig Sekunden gar nicht mehr möglich ist, an etwas anderes als den Punkt zu denken. Ähnlich einfach gelingt es, wenn wir unsere Atemzüge zählen: »Einatmen – ausatmen eins, einatmen –

ausatmen zwei« und so fort. Auch die Emotionen, von denen unsere Gedanken meist begleitet werden (Alltagsärger, Alltagssorgen, Alltagsängste), sind ruhig, wenn wir entspannt sind. Sie kommen und gehen, ohne uns stark aufzufallen. Und zu guter Letzt ist unser Körper im idealen Grundtonus, nämlich weder angespannt noch lasch, wenn es um die optimale Entspannungshaltung geht, von der aus wir Probleme angehen und lösen oder Veränderungen bewerkstelligen können. In diesen Zustand kommen Sie übrigens am schnellsten in einer entspannten Sitzhaltung und nicht, wie viele meinen, im Liegen. Wenn wir uns nämlich hinlegen, erschlafft die Muskulatur meistens, wir werden müde und faul – und das erschwert es, den angestrebten Mittelweg zu erreichen.

Fokus in Verbindung mit Entspannung macht auch Praktiken wie die Hypnose aus. In Show-Hypnosen sieht man in dieser Konstitution sogar Erwachsene, die auf einem Tretroller fahren und der Annahmen sind, sie wären mit einem Porsche unterwegs. Das ist möglich, weil die Betroffenen derart stark fokussiert sind, dass sie alles andere um sich herum ausblenden können – sogar das Gefühl von Scham und jenes des absoluten Peinlichberührtseins. Wer besonders empfänglich für derlei Zustände ist, kommt bei einer solchen TV- oder Live-Show-Hypnose garantiert dran, weil sich der Hypnotiseur genau jene herauspickt, bei denen er Derartiges vermutet. So spektakulär wie in diesem Rahmen muss es selbstverständlich nicht immer ablaufen, um außergewöhnliche Ergebnisse zu erzielen. Veränderung kann auch im entspannten oder erregten Wachzustand angeleiert werden. Unter entspannten Bedingungen sind es vor allem Bilder und Geschichten, im erregten Zustand Suggestionen, die wirken.

Begeben Sie sich an dieser Stelle gedanklich mit uns auf eine kleine Reise zu einer prachtvollen Frühlingswiese, die in ihrer vollen Blüte steht! Nun kommt jemand auf Sie zu, der einen Streit anzetteln möchte und beginnt, Sie zu provozieren. Nehmen Sie jetzt körperliche Veränderungen bei Ihnen wahr? Spüren Sie Muskeln, die entspannen oder verkrampfen? Was passiert mit Ihrer Atmung? Wir gehen davon aus, dass sich etwas in Ihnen verändert haben wird ...

Bilder sind eben der Stoff, aus dem sich unser Leben formt. Kommen wir in diesem Zusammenhang nochmal zurück zur Entspannung und sehen wir uns an, was Sie mit der Vorstellungskraft zu tun hat. Überlegen Sie mal für sich: Was passiert, wenn Sie es sich gemütlich machen und so richtig abschalten? Vielleicht meinen Sie, dass Körper und Geist zur Ruhe kommen, wenn Sie das tun. Aber werfen wir einen Blick ins Gehirn, so wird klar, dass nichts falscher sein könnte als diese Annahme: In Wahrheit sind im »Ruhemodus« viele Hirnareale hochaktiv, wenn auch andere, als beim gezielten Tun. Anders gesagt: Das menschliche Gehirn kennt keine Pause, es arbeitet immer, nur eben nicht immer gleich. Wenn wir gerade nichts zu tun haben und unsere Gedanken frei umherschweifen lassen, tauchen häufig brillante Einfälle und schräge Assoziationen auf. Sicherlich kennen Sie folgende Szenerie aus dem eigenen Leben: Sie wollen sich auf einen Zeitungsartikel oder den Abschnitt eines Buches konzentrieren, ihre Augen hängen wie vorgesehen an den betreffenden Textzeilen, aber Ihre Konzentration spielt nicht mit. Am Ende des Absatzes oder der Seite fragen Sie sich: »Hm, was genau hab ich da gerade gelesen?« Was ist passiert? Ihr Gehirn hat in eine Art Ruhezustand umgeschaltet – in das »Default-Mode«-Netzwerk. Entdeckt hat dieses »Ruhenetzwerk« ein gewisser Marcus Raichle von der Washington University in St. Louis. Er hatte mithilfe von

Hirnscans untersucht, welche Areale bei bestimmten Aufgaben aktiviert werden. Und als die Probanden zwischendurch mal nichts zu tun hatten, begannen sie nachweislich zu tagträumen: Im Scan war plötzlich ein völlig anderes Netzwerk zu erkennen – Teile des präfrontalen Cortex, die für Bewertung und Entscheidung zuständig sind, und der Hippocampus, der bekanntlich unsere Erfahrungen aufnimmt. Dieses Imaginationsnetzwerk lässt im Ruhezustand spontane Bilder, Assoziationen und Ideen aufkommen. Dadurch können wir autobiografische Eindrücke genauso wie in die Zukunft gerichtete Vorstellungen über unser inneres Auge erfahren. Einfacher ausgedrückt: Wir produzieren im Kopf ein Bild nach dem anderen, erleben in Verbindung damit Emotionen und fügen die Bilder zu Geschichten zusammen. Und jetzt wird es interessant: Wir können diese Tagträumereien passiv geschehen lassen, so wie wir im Schlafanzug auf dem Sofa sitzend einen Film im Fernsehen über uns ergehen lassen – oder aber wir werden zum Regisseur dieses Films, gestalten die Handlung bewusst und aktiv, bestimmen Szenerie und Geschehen. Das Stirnhirn eröffnet uns nämlich genau diese fantastische Möglichkeit. In weitere Folge können wir unser Sein aus all den Bildern, die vor unserem inneren Auge ständig vorbeiziehen, formen.

Wenn Sie sich jetzt »Oje, aber ich kann mir nicht wirklich gut etwas vorstellen!« denken sollten, dann können wir Sie an dieser Stelle beruhigen: Das macht nichts! Wichtig ist lediglich, dass Sie etwas *spüren*. Denn längst ist aus diversen Studien bekannt, dass es weniger um das Visuelle als um die Bewegungsempfindung, die Kinästhetik, und bestenfalls um ein Zusammenspiel aus ein, zwei weiteren Sinnen geht, wenn wir uns darum bemühen, uns etwas vor unserem inneren Auge vorzustellen. Weiter vorn hatten wir das bereits erwähnt.

Haben Sie schon mal Formel-1-Fahrer am Start gesehen, die sich vorbereiten, indem sie sich so bewegen, wie sie es wenig später im Rennauto tun werden? Oder vielleicht einen Vortragenden dabei beobachtet, wie er gestikuliert, wenn er seine Rede im Kopf durchgeht? Das machen sowohl Sportler als auch Speaker genau deshalb: Weil sie wissen, dass sie sich vor allem körperlich mit der gleich folgenden Situation assoziieren können sollten, um später erfolgreich zu fahren oder zu reden. Wir müssen Erfahrungen simulieren und eine «Virtual Reality» aufbauen, um Veränderung herbeiführen zu können. Resilienz ist übrigens die beste Grundlage dafür: Als Kind Freude am Lernen und keine Angst vorm Scheitern zu haben, bietet eine großartige Basis für später.

Apropos Kindheit: Haben Sie als junger Mensch von irgendjemandem in Ihrer Umgebung gehört, dass Sie etwas nur stark genug wollen müssen, um es zu bekommen oder zu schaffen? Wenn es doch bloß so einfach wäre! Zugegeben: Der Wille ist nicht unwichtig. Er kann uns am Montagmorgen aus dem Bett pushen oder uns doch noch die zehn Kilometer lange Laufstrecke zu Ende joggen lassen. Aber unsere Vorstellung ist wesentlich wichtiger als das. Um das für sich überprüfen zu können, nehmen Sie doch einfach ein Pendel zur Hand und versuchen Sie es mit Ihrem Willen zu bewegen. Sagen Sie sich innerlich oder laut »Ich will, dass sich das Pendel bewegt!« vor – und dann probieren Sie dasselbe nochmal, indem Sie sich die gewünschte Bewegung intensiv vorstellen. Vielleicht können Sie das Schwingen förmlich sehen, womöglich auch spüren. Lassen Sie Ihre inneren Bilder wirken! Und unter Umständen werden Sie beobachten können, wie das Pendel Ihren Vorstellungen auf einmal zu folgen beginnt. Dieses Phänomen ist übrigens keine Hexerei, auch wenn es aussieht, als würde sich der Gegenstand wie von Geisterhand bewegen. Es handelt sich im Gegenteil sogar um eine wissenschaftliche, in der Mitte des neunzehnten Jahrhunderts von William Carpenter als »ideomotorischen Effekt« beschriebene Wirkung: Ihre Muskeln folgen ganz fein – nicht direkt wahrnehmbar, aber mittels Elektroden durchaus messbar – Ihren Imaginationen. Inzwischen wissen wir: Nicht nur Muskeln folgen der Vorstellung, sondern ebenso viele andere körperliche Reaktionen. Dadurch können Grenzen gesprengt werden, weil Dinge möglich sind, die aussichtslos und unüberwindbar schienen. Schon Napoleon brachte es auf den Punkt, indem er sagte: »Imagination rules the world!«

Etwas unbedingt zu wollen, ist jedenfalls nur halb so zielführend, wie sich etwas detailliert vorstellen zu können. Warum konnte Ludwig van Beethoven noch komponieren, als er längst taub geworden war? Genau: Weil die Erinnerung an die Musik und mit ihr verbunden die Vorstellung von einer Komposition noch stark genug nachgewirkt hat, sodass es ihm möglich war, weitere musikalische Werke zu schaffen! Dieser Effekt kann auf sämtliche Lebensbereiche umgelegt werden: Ein Golfspieler, der sich den perfekten Schlag in allen Einzelheiten vorstellen kann, wird ihn besser ausführen als ohne diese Imagination. Auch dafür gibt es längst wissenschaftliche Beweise: In Studien hat man sich Golfspieler verschiedener Handicaps – dreizehn, fünf und null, wobei jene Spieler mit dem Handicap null die besten sind – näher angesehen. Was hat man herausgefunden? Wenn jemand mit einem Handicap dreizehn sich einen Abschlag vorstellt, sind viele motorische Areale im Gehirn aktiv, doch je besser der Golfspieler wird – also bei jenen, die fünf oder gar null als Handicap hatten –, desto weniger dieser Bewegungsbereiche im Hirn werden benötigt. Die Erklärung: Die Abschlagsbewegung wird im wahrsten Wortsinne automatisiert und geht damit in tiefere Schichten des Gehirns, in die Basalganglien, über. Aufgrund dessen ist in der Großhirnrinde mehr Platz für anderes. Die brillantesten Spieler haben deshalb eine optimierte Wahrnehmungsfähigkeit, was das Sehen aller Dinge ringsum betrifft. Sie erkennen etwa an den Bewegungen der Bäume, woher und wie stark der Wind weht und können ihn in den Schlag miteinberechnen. Wir könnten demnach von einem positiven Teufelskreis reden, denn je besser sie werden, desto mehr Ressourcen werden in ihren Gehirnwindungen frei, um nochmal ein Stück besser spielen zu können. Das Tollste daran: Die Spieler haben diese Erfolgskurve selbst in der Hand, da sie genau das trainieren können, indem sie die eigene Vorstellungskraft schulen. Die Imagination im Gehirn ist somit stark davon abhängig, wie gut wir etwas beherrschen.

Diese beschriebene Vorstellungsfähigkeit haben sogar Wachkomapatienten. Das Gänsehautexperiment dazu sah dermaßen aus: Forscher haben Menschen im Wachkoma Befehle wie »Stell dir vor, dass du Tennis spielst« gegeben – und in deren Gehirn war beobachtbar, wie sich in derselben Region wie bei wachen Personen etwas geregt hat. Die Botschaft »Stell dir vor …« ist folglich tatsächlich im Gehirn angekommen. In einigen wenigen wunderbaren Fällen führten diese unablässigen Aufforderungen, die an die Patienten gerichtet wurden, sogar dazu, dass diese wieder aus dem Koma erwacht sind: Die britisch-belgische Forschergruppe um den Neurowissenschaftler Adrian Owen hat mit einem bildgebenden Verfahren – der funktionellen Kernspintomographie – das Gehirn einer im Wachkoma liegenden jungen Frau auf Zeichen von Bewusstsein hin durchsucht. Die betreffende Patientin war im Jahr 2005 nach einem Verkehrsunfall ins Koma und anschließend in ein anhaltendes Wachkoma gefallen.

Das Ergebnis war verblüffend: Als man der Frau Aussagesätze wie »In seinem Kaffee waren Milch und Zucker« vorsprach, traten in ihrem Gehirn die für Sprache zuständigen Areale in Aktion. Inhaltsleere Geräusche hingegen bewirkten diesen Effekt nicht. Wurden ihr jedoch gleich klingende, aber in der Bedeutung verschiedene Begriffe vorgesagt, so zeigte sich eine erhöhte Aktivität in den auf semantisches Wissen abgestimmten Regionen. In einem weiteren Versuch wurde die Patientin gebeten, sich Tätigkeiten vorzustellen – beispielsweise Tennis zu spielen. Wie in der Zeitschrift »Science« berichtet, wurden dabei wie bei gesunden Menschen nicht nur die für das Vorstellungsvermögen benötigten Hirnareale aktiv, sondern auch Zentren für die Steuerung von Bewegungen. Immerhin fünfzehn bis zwanzig Prozent der Wachkomapatienten dürften zu Bewusstsein fähig sein, da im Hirnscanner Reaktionen auf derartige Aufforderungen sichtbar werden. Kaum etwas zeigt so beeindruckend, wie mächtig die Imagination sein kann!

Viele Menschen entdecken zunehmend die Kraft der Visualisierung, und wenden diese gezielt nach einem bestimmten Trainingsplan an. Wenn es zum Beispiel um die Mobilisierung und Stärkung von Gesundungsprozessen geht, können die inneren Bilder verblüffende Erfolge erzielen: Gelähmte verknüpfen auf einmal wieder Muskeln und Nerven, Migränikern gelingt es, einen kühlen Kopf zu bewahren und so die Schläfenarterien eng zu halten, Krebspatienten aktivieren das Immunsystem im Kampf gegen die Krebszellen. Es sind nicht die Placebos, also Zuckerpillen oder Kochsalzlösungen, die unsere Physiologie verändern, sondern unsere Vorstellungen und Überzeugungen. Gesundheit ist zu einem gewaltigen Anteil Kopfsache!

Mit der Aufmerksamkeit, die nichts anderes ist, als unsere Fähigkeit, unsere Wahrnehmung zu steuern, und unserer Vorstellungskraft haben wir zwei wichtige Hebel für ein erfolgreiches Leben in der Hand. Diese beiden mächtigen Instrumente für ein selbstbestimmtes Leben sitzen im präfrontalen Cortex unseres Gehirns und sind in Kombination mit dem Erfahrungslernen des Hippocampus und dem Langzeitgedächtnis in der Großhirnrinde unentbehrlich, wenn es darum geht, unsere Ziele zu erreichen. Immerhin bilden sie zusammen unser bewusstes Erleben, mit dem wir in der Lage sind, unsere Zukunft zu entwerfen. Sowohl mit der Aufmerksamkeit als auch mit unserer Vorstellung wählen wir die Bilder gezielt aus, die auf uns wirken.

Vermutlich ist die Imaginationsarbeit ohnehin so alt wie die Menschheit. Jedenfalls gibt es bereits in den Höhlenwandmalereien in Frankreich Hinweise auf das gezielte Nutzen innerer Bilder für die Gesundung – und die werden immerhin auf ein Alter von dreißigtausend Jahren geschätzt.

Um mit etwas Simplem zu starten, versuchen Sie doch folgende Übung mit einer zweiten Person: *Einer streckt seinen Arm mit einer geballten Faust gerade nach vorne aus und der andere versucht den Unterarm zu beugen. Das wird ziemlich sicher ohne größere Anstrengung gelingen. Wenn Sie dann miteinander besprechen, dass Sie sich vorstellen wollen, der Arm sei aus Stahl, wird sich das sehr wahrscheinlich ändern. Seien Sie dabei genau und detailverliebt, indem Sie beschreiben, wie das Stahlrohr aussieht, wie es riecht und wie es sich anhört, wenn man es anschlägt! Es geht darum, möglichst viele Sinne zu bedienen. Wenn Sie so weit sind, wiederholen Sie den Vorgang! Sie werden feststellen, dass sich der betreffende Arm nicht mehr so einfach runterdrücken lässt, weil die Person, zu der er gehört, plötzlich wesentlich kräftiger ist. Was ist passiert? Das Gehirn hat die Imagination für sich übersetzt und passend reagiert, indem es jene Muskelregionen aktiviert hat, durch die der Arm annähernd stahlähnlich werden konnte.*

Was bedeutet das nun für Sie und Ihren Alltag? Statt mit Argumenten sollten Sie besser mit Imaginationen arbeiten: Die Führungskraft stellt sich vor, wie ein Fels in der Brandung zu sein, der Tennisspieler, wendig wie ein Gepard laufen zu können, die Migränepatientin imaginiert sich Eiswürfel an der Schläfe!

4. Erwartung – die Kraft der Überzeugung

Kommen wir zum vierten der »Big Five«: der Erwartung. Der Begriff »Erwartung« meint hier selbstverständlich nicht etwa einen unangenehmen Erwartungsdruck, sondern eine grundlegende Zuversicht, eine realistisch-optimistische Grundhaltung. Wenn wir glauben, dass etwas funktionieren wird, wird es uns eher gelingen, als wenn wir nicht davon überzeugt sind. Diesen Effekt kennen viele von uns vom Einnehmen einer Tablette. Manchmal lässt der Schmerz bereits wenige Minuten nach dem Hinunterschlucken nach – weil wir erwartet haben, dass es uns dadurch bessergehen wird. Dieser Umstand schließt den Kreis zum vorhin angesprochenen Placebo-Effekt, der nichts anderes ist, als die Erfüllung einer Erwartung. Selbst wenn es sich nur um eine Zuckerpille oder eine verabreichte Kochsalzlösung handelt, kann eine Linderung beobachtet werden. Das Stirnhirn ist wieder einmal dafür verantwortlich, denn es verarbeitet und vermittelt unsere Erwartungen. Je stärker wir etwas erwarten, desto stärker tritt das Betreffende ein. Das erklärt, warum Spritzen und Infusionen bei den meisten Menschen besser wirken als Tabletten: weil eine schnellere und heftigere Wirkung von ihnen erwartet wird. Und der Placebo-Effekt wird nicht nur erhöht, wenn der Patient sein Leiden als besonders schlimm empfindet oder wenn die Schmerzen bereits chronisch geworden sind, sondern ferner, wenn Medikamente oder Placebos möglichst spektakulär verabreicht werden. Warum es so bedeutsam ist, wie eine Handlung inszeniert wird, dem werden wir später noch auf den Grund gehen.

Der Erfolg von Disziplinen wie Homöopathie oder auch manchen TCM-Ansätzen beruht großteils auf dem Phänomen »Placebo-Effekt«, der von unserem Gehirn – genauer gesagt von unseren Gedanken, Vorstellungen und Emotionen in Form einer starken Erwartungshaltung – ausgelöst wird. Aber auch der anatomisch-physiologische Ursprung dieser

Ressourcen liegt im Gehirn. Besonders wichtige Funktionen kommen dabei dem Stirnhirn und dem Belohnungssystem zu. Untersuchungen an der University of Michigan haben bei Patienten, die auffällig auf die Verabreichung eines Placebo-Schmerzmittels reagierten, eine außergewöhnlich hohe Ausschüttung von Dopamin festgestellt. Ein Mangel an Dopamin hingegen führte zu Antriebs- und Lustlosigkeit.

Es gibt keinen wissenschaftlichen Beweis für die Wirksamkeit von homöopathischen Mitteln im Vergleich mit Placebos. Deshalb können wir davon ausgehen, dass viele der positiven Ergebnisse alternativer Heilverfahren auf Placebo-Effekte zurückzuführen sind – und damit auf Abläufe, die im Gehirn ihren Anfang nehmen.

Bei Alzheimer-Patienten greift die Placebo-Wirkung übrigens kaum. Das dürfte daran liegen, dass der Stirnlappen, der bei dieser Krankheit schwer in Mitleidenschaft gezogen ist, eine besonders wichtige Rolle bei der Entwicklung von Selbstheilungskräften spielt. Immerhin sitzt unsere Erwartungshaltung genau dort.

Außergewöhnlich waren die Ergebnisse der Scheinoperationen eines gewissen Bruce Moseley. Der US-amerikanische Orthopäde hat dazu eine Versuchsreihe durchgeführt, in der er einige Patienten mit Knieproblemen nicht wirklich operiert, sondern lediglich aufgeschnitten und wieder zugenäht hat, während andere eine komplette Knie-OP erhalten haben. Das Resultat: Nach zwei Jahren ging es allen Patienten im gleichen Ausmaß besser als vor dem tatsächlichen bzw. nur angekündigten Eingriff. Die Vorstellung davon, wie es ihnen mit gesunden Knien gehen würde, in Kombination mit der Erwartungshaltung, dass die Operation die gewünschte Heilung bringen würde, hatte den Körper sich selbst regenerieren lassen. Die Vorfreude erhöht im Gehirn das Dopamin im Belohnungszentrum, und in weitere Folge die körpereigenen Schmerzmittel, die Endorphine. So ist erklärbar, warum sich unter Parkinson leidende Menschen nach der Verabreichung eines Placebos oftmals nach langem erstmals wieder bewegen können.

Leider »gelingt« das Ganze aber ebenso in die andere Richtung: Wenn wir ein negatives Ergebnis erwarten, sehen wir uns häufig genau damit konfrontiert. Wieder ein Beispiel unseren Körper betreffend: Der Stoff Cholecystokinin (abgekürzt CCK) wird im Darm produziert und verstärkt Schmerzübertragung. Wenn wir uns in bestimmten Situationen »Oje, jetzt beginnt sicher wieder die Migräne, weil das Wetter gerade umgeschlagen hat« denken oder Angst vor dem Stich einer Spritze haben, wird dieses CCK auf den Plan gerufen und sorgt dafür, dass der Schmerz tatsächlich – oder erst recht – einsetzt. Auch Panik unterstützt diesen Akt der selbsterfüllenden Prophezeiung, indem es die Ausschüttung des CCK ankurbelt. Ein gut gemeintes »Achtung, gleich wird es kurz piksen!« von einem Arzt ist deshalb mehr als kontraproduktiv, denn davon ausgelöst verspannen wir uns augenblicklich, das Cholecystokinin wird aktiviert – und schon tut uns die Nadel weh. Solche Schmerzerlebnisse können wir im ungünstigsten Fall sogar dauerhaft abspeichern, denn wir haben ja schon gelernt: Fokussierte Aufmerksamkeit plus (negative wie positive) Emotion ergibt ein »Einbrennen« im Gehirn. Um im aktuellen Beispiel zu bleiben: Ab einem solchen Erlebnis kann jedes Impfen und jedes Blutabnehmen zur Tortur für den Patienten werden.

Noch einmal zurück zur Formel »Je größer die Erwartung, desto ausgeprägter der Effekt«. Im Rahmen eines Experiments wurde manchen Teilnehmern gesagt, sie würden mit einer Wahrscheinlichkeit von fünfundzwanzig Prozent das richtige Medikament erhalten, während der Rest nur Placebos wären; den nächsten Probanden wurde angekündigt, sie hätten eine Fünfzig-zu-fünfzig-Chance, die echte Medizin zu bekommen, und der letzten Gruppe wurde versprochen, sie werde zu hundert Prozent das Medikament verabreicht bekommen. Alle Patienten erhielten in Wahrheit aber lediglich Placebos. An der unterschiedlichen Reaktion konnte abgelesen werden, wie stark der Einfluss der Erwartung war, denn jene, die angeblich höhere Chancen auf die Medikamente hatten, entsprachen der selbsterfüllenden Prophezeiung und fühlten sich besser als jene, die dachten, sie würden vermutlich ohnehin keine echte Arznei bekommen.

Dieser Effekt ist nicht nur im Gesundheitsbereich beobachtbar. Es gibt beispielsweise Studien, die belegen, dass Kinder mit bestimmten Vornamen in der Schule einfach benachteiligt sind, weil sie bei den Klassenkameraden unbeliebt sind oder ihnen die Lehrer weniger zutrauen: *Kevin* führt diese Liste bei den Buben seit Jahren ungeschlagen an. Kevins gelten im Durchschnitt beim Lehrpersonal als verhaltensauffällig und lernschwach. Noch bevor Jungen mit diesem Namen tatsächlich etwas getan haben, werden sie tendenziell schlechter benotet. Das weibliche Pendant dazu heißt *Mandy*. Es kommt freilich immer darauf an, wo der jeweilige Name vorkommt, denn in amerikanischen Breitengraden tut sich ein Kevin nicht so schwer wie bei uns. Aber auch in diesem Fall beeinflusst jedenfalls die Erwartungshaltung die Wahrnehmung eines Lehrers oder Mitschülers und führt letztlich dazu, dass sich diese Annahme meistens bewahrheitet.

Das geht noch weiter: Wenn man einer Gruppe von männlichen Studenten ein Foto von einer Gleichaltrigen zeigt, wird die darauf Abgebildete als merklich attraktiver bewertet, wenn behauptet wird, sie heiße Jennifer. Nennt man die Frau auf dem Bild aber Gudrun, schneidet sie wesentlich schlechter ab, obwohl es sich um ein und dasselbe Foto handelt. Wird kein Name genannt, wird die Dame uneingeschränkt als begehrenswert eingestuft. Die Tatsache, dass mit Vornamen ein Image mitschwingt, das die Erwartung beeinflusst, wurde im konkreten Fall von Einschätzungen eines Schülers durch Lehrer, die sich im späteren Verlauf bestätigen, von den US-amerikanischen Psychologen Robert

Rosenthal und Lenore F. Jacobson als »Pygmalion-Effekt« bezeichnet. Die Experimente der beiden ergaben, dass Lehrer, denen suggeriert wird, der eine oder andere ihrer Schüler sei außergewöhnlich begabt, genau diese unbewusst gefördert haben, sodass die Genannten schließlich faktisch ihre Leistungen steigern konnten.

Ebenso wurde ein weiteres Phänomen, das fälschlicherweise als Klischee oder Ammenmärchen abgetan wird, längst wissenschaftlich bewiesen: Eine Studie, die in Frankreich durchgeführt wurde, bestätigte, dass wir Menschen sowohl uns selbst als auch andere als schöner empfinden, wenn wir unter Alkoholeinfluss stehen. Das Interessante daran: Es genügt bereits, zu glauben, man hätte Alkohol in sich – selbst, wenn es sich in Wahrheit um alkoholfreies Bier handelt. Ach ja, und in Pianobars werden Männer von Frauen übrigens durch die Bank attraktiver bewertet als anderswo. Männliche Singles, die sich eine Partnerin wünschen, sind folglich gut darin beraten, sich vermehrt in solchen Lokalen aufzuhalten …

Sogar auf unser Immunsystem haben Erwartungen enormen Einfluss. Bei Mäusen erzeugten Forscher künstlich eine Erwartungshaltung, indem das Dopamin angekurbelt wurde. Als Nächstes wurden einigen Versuchstieren Darmbakterien injiziert. Infolge konnte beobachtet werden, dass jene Mäuse, die einen höheren Dopamin-Wert aufwiesen, besser mit der Abwehr dieser Bakterien zurande kamen als die anderen. Ganze sechsundachtzig Prozent mehr Abwehrzellen wurden bei den Nagern mit dem erhöhten Dopamin gemessen.

Woher kennen wir das noch? Aktienhandel etwa ist nichts anderes als eine Erwartung an die Zukunft. Vielleicht haben Sie schon einmal von der Tulpenmanie, dem ersten heftigen Börsencrash bzw. der ersten Spekulationsblase der Wirtschaftsgeschichte, gehört? Im Goldenen Zeitalter der Niederlande im siebzehnten Jahrhundert wurden Tulpenzwiebeln zum Spekulationsobjekt. Die Preise dafür stiegen auf ein extrem hohes Niveau an, manche haben sogar Häuser gegen diese Tulpenzwiebeln eingetauscht – doch zu Beginn des Jahres 1637 brach der Markt abrupt und komplett ein.

Die bereits weiter vorne bei den Wiederholungen erwähnte Werbung macht teilweise ebenfalls eine Art Mentaltraining mit uns, indem sie uns einimpft, was wir von einem bestimmten Produkt zu erwarten haben. Darum steigt Coca-Cola auch immer als das am besten schmeckende unter den Cola-Getränken aus, obwohl in Blindtests Pepsi die Nase vorn hat. Weil wir aber nun mal so gestrickt sind, dass wir glauben festzustellen, was wir erwartet haben, mundet uns jene schwarze Limonade am besten, deren Image dank des Marketings des großen Konzerns vermittelt, es sei das tollste und coolste Cola von allen. Das wahre positive Denken, also eines, das wahrhaftig wirkt, ist diese Form von optimistischer Erwartungshaltung! Wir können sie auch als Zuversicht betrachten – und sie klar von jenen Erwartungen abgrenzen, die mit Druck verbunden sind, etwa von der Erwartungshaltung, der eigene Partner müsse genau so sein oder sich exakt so verhalten, wie wir es uns wünschen. Derartiges würde Druck erzeugen und das wäre freilich kontraproduktiv. Genauso kann eine verkrampfte Erwartung unser Weltbild deutlich einschränken und uns so die eine oder andere tolle Chance verpassen lassen. Der in Deutschland geborene und in Österreich lebende Coach und NLP-Trainer Axel Ostin meint in diesem Zusammenhang so treffend: »Die Welt wird klein, wenn man sich nur noch über das freuen kann, was man erwartet.« Leichtigkeit, verbunden mit Zuversicht im Sinne einer entspannten Erwartung, ist ein wesentlicher Baustein des Erfolgs in allen Lebenslagen.

Worte wirken – besonders, wenn sie sinnlicher Natur und damit bildhaft sind. Wer Wenn-dann-Verknüpfungen im Gehirn anzulegen vermag, programmiert damit Verhaltensweisen und andere physiologische Prozesse um: „Immer, wenn die Erkennungsmelodie der Nachrichten im Fernsehen ertönt, setze ich mich auf den Ergometer und radle eine halbe Stunde!“, „Jedes Mal, wenn ich diese mir so unsympathische Person sehe, entspanne ich mich!“ oder „Immer, wenn mir etwas gegen den Strich geht, sage ich das auch!“ wären solche Verknüpfungen, die helfen, sich selbst neu zu programmieren, damit bestimmte Situationen oder Menschen irgendwann automatisch ein neues Verhalten auslösen. Die Fünfte im Bunde der »Big Five« bildet damit die Konditionierung. Unter diesem Begriff verstehen wir in der Lernpsychologie eine Form des Lernens durch wiederholte Koppelung von Reizen. In Zusammenhang mit einer veränderten Verhaltensweise braucht es einen Reiz von außen und eine Erinnerung von innen, um diese herbeizuführen. Wenn Gefahr droht, gibt es eine Verarbeitung, eine Reaktion darauf. Aber wir reagieren ja leider oft auch auf Neutrales mit der Alarmanlage – sogar auf etwas Positives, wenn wir uns etwa für ein Kompliment beinahe genieren, obwohl wir uns an der positiven Erfahrung erfreuen sollten. Wir müssen folglich die Kontrolle über die innere Verarbeitung gewinnen. Die Beobachterposition ist der Beginn der Veränderung in diese Richtung.

Sie sehen schon, wie sich der Kreis schließt, wie all die vorgestellten Phänomene, die gelüfteten Geheimnisse, die empfohlenen Strategien und die Erfolgsformeln ineinandergreifen und ein gemeinsames Ganzes ergeben, das Ihnen hilft, Ihr Leben selbstbestimmter und so zu führen, wie Sie es sich wünschen. Es ist nun mal *alles reine Kopfsache*!

In diesem Zusammenhang nochmal zurück zum Placebo-Effekt: Wenn wir es genau nehmen, besteht er aus Erwartung in Kombination mit Konditionierung. In einem Experiment mit Ratten verabreichte man den Nagern ein das Immunsystem unterdrückendes Krebsmedikament in Verbindung mit Zuckerwasser. Später erhielten die Tiere nur mehr das gezuckerte Wasser, doch das Immunsystem blieb weiterhin beeinträchtigt. Das zeigt, wie schnell der Körper etwas lernt und abspeichert. Glücklicherweise vergisst er aber auch ähnlich rasch wieder, denn nach sechs Gaben ist das auch wieder ausgelöscht, wenn sich dahingehend nichts mehr tut.

Die aus dem NLP bekannte Methode des »Verankerns« setzt ebenfalls auf die Konditionierung. Simplifiziert geht das so vor sich, dass der Trainer oder Coach bei seinem Klienten einen Anker in Form einer bestimmten Berührung am Arm oder sonst wo am Körper setzt, wenn dieser in seiner Vorstellung in einem besonders guten Gefühlszustand ist. In Zukunft reicht es, wenn der Betroffene diesen Anker aktiviert, um wieder in der positiven Emotion vom Zeitpunkt des Ankerns zu landen. Einen solchen Anker setzen Sie durch eine simple, aber bewusste Berührung an einer x-beliebigen Körperstelle, etwa am linken Knie. Sportler klopfen sich oft ans Brustbein, um sich in eine Siegerposition zu bringen.

Auch in Bezug auf die Konditionierung ist gute Werbung erwähnenswert, denn sie schafft Verknüpfungen in unserem Unbewusstsein. Der Lufterfrischer *Febreze* etwa wurde ursprünglich für die Raumfahrt entwickelt. Da die Spaceshuttles nach ihrer langen Reise in ihrem Inneren furchtbar gestunken haben, produzierten Wissenschaftler ein Mittel, das dieses Geruchs Herr werden konnte. Als es an die Masse verkauft werden sollte, wurde den potenziellen Käufern zunächst versprochen: »Wenn es unangenehm riecht, sprüh damit, dann wird der Gestank weg sein!« Obwohl das Produkt gut war, ist es im Verkauf gefloppt. Die Marktforschung hat schließlich ergeben, dass Menschen den hauseigenen Gestank von Babywindeln oder nassen Hundehaaren gar nicht mehr wahrnehmen. Infolge wurde das Problem in der Werbung konkret angesprochen: Seither wird die Geruchsblindheit mit dem Putzen und Aufräumen verknüpft, wodurch sich die Verbraucher denken: »Wenn ich Ordnung und sauber mache, sprüh' ich auch gleich mit diesem Wundermittelchen und dann ist der Geruch nicht nur neutral, sondern alles duftet wunderbar angenehm!« Damit das auch funktioniert, wurde *Febreze* ein Duftstoff beigefügt, der nun zur einfachen Formel »Gute Luft macht gute Laune« führt – und seither verkauft sich das Zeug prächtig. Wissenschaftlich erklärt ist Folgendes passiert: Der Reiz »putzen« wurde mit der Reaktion »*Febreze* anwenden« verknüpft und ergibt in seiner Kombination die Belohnung »die Wohnung ist wohlriechend«, wodurch sich der Konsument über gute Laune freuen kann. Das Ganze ist eine glatte Konditionierung.

Die »Big Five« fungieren richtig eingesetzt als Superhelden-Team für Ihre Ziele, denn Fokus, Entspannung, Vorstellung, Erwartung und Konditionierung ergeben ein unschlagbares Gesamtes, wenn es um Ihre Wandlungswünsche und Ziele geht. Wie Sie sicher schon gemerkt haben werden, greifen sie wunderbar ineinander und sind teilweise nur schwer voneinander zu trennen. Diese fünf Tools bilden gemeinsam die wichtigste und wirksamste Strategie, um nachhaltige Veränderung herbeizuführen.

Der Bonus: Dem Dornröschenschlaf entgehen – warum es auf die Inszenierung ankommt

Am besten wirken die fünf mentalen Superhelden, wenn wir sie richtig verpacken. Diese Inszenierung, die die genannten Erfolgsfaktoren zu einem Konzept verbindet, nennen wir »Rituale«. Warum gibt es diese Rituale, die in einem bestimmten Kontext stehen? Denken Sie nur an Gottesdienste, Hochzeiten, schamanisches Trommeln oder die Visite im Spital. Solche »Events« sind es, die eine gewisse Abfolge und damit Stabilität vorgeben. Aber es geht um noch viel mehr.

Aufmerksamkeit in Verbindung mit Emotion kann eine beinahe suggestive Kraft haben, weil sich diese Kombination stark ins Gehirn einprägt und dadurch dauerhaft etwas in uns verändert. Außergewöhnliche Lebenssituationen und Ereignisse haben es besonders in sich, was diese Suggestionen betrifft: Sie stellen sich als *merk*würdig für uns heraus. Wenn wir beispielshalber einen runden Geburtstag feiern, der uns ohnehin ein gewisses Unbehagen bereitet, weil älter zu werden mit Ängsten zu tun haben kann, ist es wenig hilfreich, von einem Freund Sätze wie »Na, jetzt gehörst du auch schön langsam zum alten Eisen!« oder »Die Jugendtage sind nun endgültig vorbei!« zu hören. Er wollte vermutlich einfach nur einen blöden Spruch machen – oder seine eigene Unsicherheit überspielen. Aber auf diese Weise kann sich das Thema richtiggehend in uns einbrennen, und zwar als eine schlechte Erfahrung, deretwegen wir womöglich erst recht ein Problem mit unserem Alter haben könnten. Unsere Emotionen in Bezug auf *Merk*würdiges helfen uns aber auch beim Lernen: Wo wir etwas Schönes erlebt haben, wollen wir wieder hin, um eine Wiederholung dessen zu erhalten, was uns gut gefallen hat, und wo uns etwas Unangenehmes widerfahren ist, da wollen wir nicht ein weiteres Mal hin, um zu vermeiden, es erneut erleben zu müssen. Weiter vorne haben wir diesen mentalen Mechanismus schon erwähnt: Das ist an sich klug von der Evolution erdacht – auch wenn es nicht immer notwendig oder gar sinnvoll ist. Denn wie gesagt müssen wir noch lange nicht bei jedem neuen Versuch wieder einen Parkplatz in dieser einen Gasse ergattern, nur weil wir genau dort einmal einen gefunden haben – und umgekehrt: Wo wir eines Tages einen Strafzettel wegen zu schnellen Fahrens oder Falschparkens eingesackt haben, von dort geht nicht automatisch Gefahr für uns aus, wieder einen ausgestellt zu bekommen.

In welchen Situationen hilft uns die Macht der Inszenierung aber wahrhaftig? Wenn wir uns in einem Verkaufsgespräch befinden, in dem wir einer anderen Person etwas schmackhaft machen wollen, ist es hilfreich, einen *merk*würdigen Einstieg zu wählen, an den sich unser Gegenüber später bestimmt erinnern wird. Das Gleiche gilt für das Lernen und Vorbereiten auf eine Prüfung: Schaffen wir es, uns merkenswerte Eselsbrücken zu bauen, werden wir uns wesentlich leichter tun, uns an den Stoff zu erinnern, wenn es dann darauf ankommt. Umfeld, Kontext und Verpackung spielen nun mal eine große Rolle. So hat die Predigt eines Pfarrers unter anderem deshalb erheblichen Einfluss auf viele Gläubige, weil die Kirche ein besonderes Ambiente bietet, das sich vom Rest des im Alltag Erlebten abhebt, und weil es sich bei seinen Worten häufig um Dinge handelt, die mit Ritualen zu tun haben. Das Imposante ist gleichzeitig das Einprägsame daran – eben wieder das *Merk*würdige – und genau in so einer Umgebung und Situation sind wir besonders empfänglich für Botschaften. Ähnliches kennen wir von der Chefvisite im Krankenhaus: Wenn der Primar unterwegs ist und die Ärzte in Ausbildung hinter ihm hertrotten und mitschreiben, was er sagt, hat das ebenfalls etwas Ritenhaftes, was dazu führt, dass viele Ehrfurcht vor einem solchen Moment haben. Was dieser »Anführer in Weiß« – nicht von ungefähr auch »Gott in Weiß« genannt – dann von sich gibt, was er ausspricht und was er mit seiner Mimik und Körperhaltung im nonverbalen Bereich mitteilt, beeinflusst seine Patienten enorm. Das liegt einmal mehr daran, dass wir durch Rituale in eine extrem fokussierte Aufmerksamkeit, fast in eine Art Trance geraten. Das erfolgreiche Ausblenden aller Nebengeräusche und die starke Emotion, die wir mit unserer Gesundheit verbinden, führt dazu, dass wir uns so etwas besonders gut und beinahe unauslöschbar merken. Wenn Ärzte sich ihrer Verantwortung in Verbindung mit dieser Wirkung bewusst sind, können sie die Genesung ihrer Patienten begünstigen. Wenn sie nicht verstehen, was sie tun, können sie der Gesundung von ihnen anvertrauten Menschen aber auch gehörig im Weg stehen, weil sich bei denen eben einprägt, was ihnen wann und wie gesagt wird. Umgekehrt kann ein »Es wird Ihnen sicher bald wieder besser gehen!« die Selbstheilungskräfte in Gang bringen.

Das funktioniert auch umgekehrt: Sie kennen ja sicher das Märchen vom Dornröschen. Was Sie aber vielleicht nicht wussten: Dieses Märchen thematisiert die Kraft der Suggestion, und das exakt in einer den heutigen Neurowissenschaften entsprechenden Art und Weise. Es zeigt, wie empfänglich wir für Botschaften speziell dann sind, wenn sie in ein Ritual wie eine Tauffeier eingebettet sind. Ein Fluch, wie ihn die böse Fee dem kleinen Prinzesschen in dessen Wiege raunt, wirkt bei einer Feier anlässlich der Geburt der lange ersehnten Königstochter besonders stark. Falls Sie das Grimm'sche Märchen nicht mehr präsent haben sollten, eine Kurzfassung der betreffenden Stelle: Im Schloss des Königspaars, das überglücklich über die Geburt seines langersehnten ersten Kindes ist, gibt es beim Festmahl ein Gedeck zu wenig, weshalb nicht alle Feen des Reiches eingeladen werden konnten. Selbstverständlich bekam die vom Fest Ausgeschlossene Wind davon und taucht dennoch auf. Aus Wut spricht sie einen Fluch über die neugeborene Prinzessin aus. Dornröschen werde sich an ihrem fünfzehnten Geburtstag an einer Spindel stechen und daraufhin sterben. Eine der zwölf eingeladenen Feen kann den Todesfluch nach dem dramatischen Abgang der erzürnten Fee noch abmildern: Nicht sterben soll die Königstochter, wenn sie sich an der betreffenden Spindel sticht, sondern für hundert Jahre in einen tiefen Schlaf fallen, aus dem sie nur durch den Kuss der wahren Liebe erwachen kann. Obwohl der König alle Spinnräder verbannen und verbrennen lässt, wird eines in einem Turm übersehen. Und genau dieses Turmzimmer betritt Dornröschen an ihrem fünfzehnten Geburtstag und alles geschieht wie vorausgesagt.

Übertragen in die reale Welt bedeutet das, dass die Kraft der Suggestion zur Selffulfilling Prophecy werden kann. Eine Suggestion bekommt also durch derartige Rituale eine außergewöhnliche Kraft, durch die sich alles, was im Zuge dessen erlebt wird, fest in unser Gehirn einbrennt. In solchen Momenten sind wir deshalb so überempfindlich oder eben auch empfänglich, weil unser Hippocampus alles aufsagt, was wir sehen, hören oder auf sonst eine Weise wahrnehmen. Darum ist es so unglaublich wichtig, wie der Arzt mit dem Patienten kommuniziert, wie der Trainer vor einem großen Spiel mit seiner Mannschaft redet und was die Hebamme nach der Entbindung zur frischgebackenen Mutter sagt. Messages in diesem Rahmen wirken im menschlichen Gehirn überdurchschnittlich intensiv nach.

Es ist wie beim bereits besprochenen Eisberg – oben haben wir den Inhalt über der Wasseroberfläche, unten das riesige Gebilde des Rundherums. Kurz gesagt: Der Kontext macht's aus, nicht allein der Inhalt. Wenn es demnach darum geht, Mitarbeiter zu motivieren, die eigenen Selbstheilung anzukurbeln oder eine Persönlichkeitseigenschaft zu entfalten, nutzen Sie die Macht der hirngerechten Inszenierung!

Mentale Apps für Ihren Alltag

Damit Sie einen Fahrplan für die Zukunft haben – die übrigens *heute* beginnt – und das System der »Big Five« und von »Dreimal drei gewinnt« so einfach wie möglich für sich umsetzen können, gibt es nun noch einen Überblick über die häufigsten Themengebiete der verschiedenen Lebensbereiche, in denen Veränderung eine wünschenswerte Angelegenheit darstellt. Die themenspezifischen Zusatz- und Hintergrundinformationen sollen Ihnen helfen, ein Gesamtbild zu erhalten.

Auftakt: In eine stressfreie Zukunft!

Einfach *alles* gelingt besser ohne Überlastung und Dauerbefeuerung unserer Gehirnzellen. Was immer wir demnach tun können, um Stress zu vermeiden, ist gut für unsere Gesundheit, unseren Geist, unsere psychische Verfassung, unsere Leistungsfähigkeit und unser allgemeines Wohlbefinden. Wenn der Druck dennoch nicht fernbleiben will, können wir uns selbst helfen, indem wir jene Werkzeuge in die Hand nehmen und anwenden, die ihn abschwächen, neutralisieren und ihn uns besser verarbeiten lassen. Weil Entstressung die Basis für die Erfüllung jedes Wandlungswunsches, für die Umsetzung jedes Veränderungsziels ist, sollte sie Ihr oberstes Bestreben sein.

Meistens helfen bereits einfache Entspannungsübungen

wie die weiter vorne vorgestellten, wenn man sie regelmäßig wiederholt, sich dauerhaft zu entstressen. Und in akuten Situationen sollten Sie sich am besten an die Rosinen-Übung erinnern: Wer beruflich im Kundendienst positioniert ist und etwa am Telefon verärgerte Konsumenten befrieden muss, was einen durchaus in Anspannung bringen kann, tut sich selbst einen Gefallen, wenn er sich immer wieder auf eine Art Zustimmungsübung besinnt. Sie bedeutet nichts anderes, als mit der Achtsamkeit, die wir indes kennengelernt haben, an den Anrufer heranzutreten und sich innerlich in eine Art Forscherrolle zu begeben. Konkret bedeutet das: Beobachten Sie die Stimme des Kunden genau, ohne sie zu bewerten! Versuchen Sie, wahrzunehmen, was aus ihr hervorgeht, wie sie sich anhört, welche Klangfarbe sie hat, in welchem Rhythmus sie die Worte bildet und wie leise oder langsam sie ist. Das hilft augenblicklich, den Stress wegzuschieben, da Sie dadurch mit neutralen Dingen beschäftigt sind, wodurch Sie der Person am anderen Ende der Leitung automatisch unbefangener und konstruktiver begegnen können.

Wo die Angst ist, ist auch der Weg

Viele Menschen leiden an Ängsten: Die einen haben Angst, in ein Flugzeug zu steigen – nicht, weil sie sich vor dem Fliegen an sich fürchten, sondern weil sie Angst haben, die Maschine könnte abstürzen. Andere fürchten enge Räumen und können daher keinen Fahrstuhl betreten. Und wieder andere wissen, was es bedeutet, Höhenangst zu haben.

Derlei Ängste werden vor allem in den ersten Lebensjahren durch emotionale Konditionierung erlernt. Dabei müssen das nicht unbedingt selbst erlebte Horrorszenarien sein. Erschrickt zum Beispiel die Mutter vor einer Blindschleiche, kann sich das als Schlangenphobie auf das Kind übertragen. Auch das Fernsehen leistet seinen Beitrag leistet: Denken wir nur daran, wie böse die Spinne Thekla in der Zeichentrickserie »Biene Maja« dargestellt wird! Auch das kann ein Kind negativ beeinflussen. Ängste werden somit durch selbst gemachte negative Erfahrungen, übertragene Emotionen oder durch das bloße Betrachten unangenehmer Bilder richtiggehend erlernt. Genauer betrachtet stellen diese Ängste ein Vermeidungsverhalten dar: Wovor wir uns fürchten, dem weichen wir lieber aus. Was zunächst logisch und sinnvoll erscheint, bewirkt aber vor allem eins: Die Angst wird irgendwann übermächtig.

Was kann man nun tun, um solche Ängste zu überwinden? Sehen wir uns stellvertretend für alle jene vor der Höhe genauer an: Wenn selbst eine Haushaltsleiter zur Qual wird, lässt sich die Angst im wahrsten Sinne des Wortes am besten Schritt für Schritt überwinden. Das heißt konkret: Steigen Sie so hoch auf die Leiter, bis Sie sich unwohl fühlen! Dann passiert das Altbekannte, indem Ihr Körper zu zittern beginnt und Sie die Beklemmung oder Panik in allen Knochen spüren. Versuchen Sie diesen Zustand nun gegen Ihren Erstimpuls, sofort wieder hinunterzuklettern, so lange auszuhalten, bis sich Ihr Körper beruhigt hat und Sie normal auf die Höhe reagieren. Das kann fünf Minuten oder eine Stunde dauern, doch halten Sie durch! Und dann erklimmen Sie den nächsten Spross und machen Sie das gleiche nochmal. So werden Sie immer höher steigen und irgendwann vielleicht sogar den Ausblick von einem hohen Gebäude aus genießen können.

Sie dürfen sich dabei Unterstützung durch eine simple Mentaltechnik holen: Führen Sie sich eine Situation vor Augen, in der Sie sich besonders stark gefühlt haben! Tauchen Sie so intensiv wie möglich in dieses Bild ein! Was ist damals genau passiert? Wie sieht der betreffende Moment konkret aus? Was hören Sie? Vielleicht können Sie etwas riechen oder schmecken? Wo im Körper nehmen Sie eine Veränderung wahr? Spüren Sie bewusst hinein und klopfen Sie sich stolz auf die Brust! Wecken Sie dann, während Sie auf der Leiter mit Angst reagieren, diese Emotion, indem Sie sich erneut auf die Brust klopfen! Auch ein verlängertes Ausatmen, wie wir es weiter vorne besprochen haben, kann Sie dabei unterstützen, Ihre Furcht rascher zu überwinden.

Abnehmen beginnt und gelingt im Kopf

Diäten und neue Ernährungsformen wie Paleo, Low Carb oder Glyx begegnen uns überall. Und viele von uns sind empfänglich dafür, weil sie gerne abnehmen würden – oder aus gesundheitlichen Gründen Pfunde verlieren sollten. Denn immerhin bedeutet Übergewicht neben dem gängigen Schönheitsideal – das freilich übertrieben ist – ein ernsthaftes Gesundheitsrisiko: Herz-Kreislauf-Erkrankungen, Bluthochdruck und Diabetes können die Folge von zu viel Körperfett sein.

Die neuesten Zahlen belegen: Weltweit ist rund eine Milliarde Menschen übergewichtig. In Österreich gibt es etwa sechshunderttausend Übergewichtige. Und auch Deutschland war als Volk noch nie so dick: neunundfünfzig Prozent der Männer und siebenunddreißig Prozent der Frauen sind inzwischen übergewichtig. Alarmierend ist das Faktum, dass das Dicksein in der Altersklasse der Berufstätigen mittlerweile keine Ausnahme mehr darstellt, sondern der Normalzustand geworden ist. »Die Gründe für die Entstehung von Übergewicht sind seit langem bekannt«, weiß der Ernährungswissenschaftler Helmut Heseker, der das Thema für den 13. DGE-Ernährungsbericht (Deutsche Gesellschaft für Ernährung) bearbeitet hat: »Viele Menschen in Deutschland essen zu viele energiereiche Lebensmittel und bewegen sich zu wenig. Preiswerte und schmackhafte Lebensmittel und Getränke mit hohem Energiegehalt sind nahezu überall verfügbar – egal ob zu Hause oder unterwegs. Und diese Faktoren machen es schwer, normalgewichtig zu bleiben.« Die junge Generation ist wenig überraschend besonders stark davon betroffen, weil ihr Alltag schon zu Kindertagen einen eklatanten Bewegungsmangel aufgewiesen hat: Sitzen am Computer, Sitzen vor dem TV-Gerät, Sitzen mit dem Handy in der Hand – all das macht einen Hauptteil ihres Tages aus. So kommt es, dass beinahe ein Viertel der Sieben- bis Vierzehnjährigen Übergewicht auf die Waage bringt. »Österreich liegt im weltweiten Vergleich des durchschnittlichen Body-Mass-Index (BMI) im mitteleuropäischen Trend, der in den vergangenen vierzig Jahren eine stetige, aber mäßige Steigerung des Gewichts bei Kindern zwischen fünf und neunzehn ausweist«, erklärt dazu Hanno Ulmer, Biostatistiker an der Medizinischen Universität Innsbruck und Mitautor einer aktuellen weltweiten Studie. Die erschreckenden Fakten: Der Anteil stark übergewichtiger bzw. adipöser Jungen hat vom Jahr 1975 mit damaligen 2,8 Prozent bis zum Jahr 2016 auf 11,3 Prozent zugenommen. Im selben Zeitraum zeigt sich beim Anteil übergewichtiger Mädchen eine gegenüber den Buben immerhin geringere Steigerungsrate von 1,6 auf 6,1 Prozent. Es ist somit allerhöchste Zeit, dem entgegenzuwirken. Wir haben aber schon gelernt, dass wir nur bei uns selbst ansetzen können, wenn es um Veränderung geht – in diesem Fall allerdings bereits bei unseren Kindern, weil Eltern nun mal nicht nur die Hauptversorger mit Nahrung sind, sondern auch als Vorbilder fungieren. In der Schweiz ist das Problem übrigens nicht ganz so groß: Bei den Erwachsenen mit einem Anteil von 10,3 Prozent Fettleibiger liegen die Schweizer im Mittelfeld der von der jüngsten OECD-Studie erfassten Länder. Übergewichtig sind aber dennoch insgesamt einundvierzig Prozent der Bevölkerung, wie das Bundesamt für Statistik herausgefunden hat. Dabei sind doppelt so viele Männer wie Frauen betroffen.

Warum ist es so schwierig, Körpergewicht zu verlieren oder gar nicht erst zu viel davon anzusetzen? Für viele sind das Lieblingsessen und Naschereien eine Art Belohnung nach einem harten Arbeitstag, Beruhigung gegen Stress, Trost bei Traurigkeit oder ein Mittel gegen Langeweile. Wann immer wir uns gestresst oder leer fühlen, haben viele von uns gelernt, zu Süßem oder Fettem zu greifen. Wer dann eines Tages zu viel auf den Hüften hat und sich entweder nicht mehr wohlfühlt oder aber vom Arzt ermahnt wird, dass es klug wäre, ein wenig abzunehmen, bei dem tauchen von allen Seiten gutgemeinte Ratschläge auf: »Friss die Hälfte!«, »Mach Dinner-Cancelling!«, »Iss nur mehr jeden zweiten Tag!«, »Verzichte auf Kohlenhydrate!«, »Lass den Zucker weg!« oder »Reduzier' das Fett!« Auch in den Boulevardzeitschriften begegnen uns wöchentlich neue Diätwunder und Geheimrezepte. Gepaart mit dem Fatburner Nummer eins – Sport – sollen die überflüssigen Pfunde rasch purzeln. So weit, so gut. Wieso aber klappt es nicht mit dem Abnehmen – trotz der zahlreichen guten Tipps? Weil uns weder die ausgefeilteste Diät noch die ambitioniertesten Fitnesspläne unserem Traumkörper oder unserem gesunden Gewicht näherbringen, solange der Kopf nicht mitspielt.

Eine Vielzahl von Studien belegt, dass Abnehmen hauptsächlich Kopfsache ist! Der Hintergrund: Unsere mentale Verfassung hat maßgeblich Einfluss auf unseren Hormonhaushalt. Denn das Stresshormon Cortisol spielt eine wichtige Rolle bei der Bildung von Fettreserven. Und unter Stress sendet das Gehirn diesbezügliche Signale an die Nebennierenrinde, die dann beginnt, vermehrt Cortisol zu produzieren. Der erste Schritt muss folglich sein, das Cortisol zu reduzieren, damit es aufhört, unsere Fettzellen zu füttern – weil genau das für Einlagerungen am Bauch und im Zusammenwirken mit Östrogen und Progesterol auch für

Fettdepots an Po und Hüfte verantwortlich ist. Die Basis des Erfolgs ist es, zusätzlich zur Reduktion des Stresshormons mentale Stärke aufzubauen, die uns vor alltäglichem Stress schützt und unser hormonelles Gleichgewicht begünstigt. Maßgeblich am Abnehmprozess beteiligt ist die innere Triebfeder. Wenn es schwerfällt, den eigenen Lebensstil zu ändern, muss ein Motivationsschub her. Und Motivation ist – richtig: Kopfsache!

Sehen wir uns nun genauer an, wie Sie trotz aller Widrigkeiten zum gewünschten Ziel gelangen. Zunächst sollten Sie erforschen, was Sie *wirklich* motiviert. Stellen Sie sich folgende Fragen: »Warum will ich abnehmen? Was steckt hinter diesem Wunsch? Was wird anders sein, sich anders anfühlen, wenn ich abgenommen habe?« Wenn Sie Ihre inneren Beweggründe freigelegt haben, die Freude am Erfolg, wenn Sie es geschafft haben werden, bereits jetzt im Voraus regelrecht spüren und das neue, gesundheitsbewusste Verhalten schon mal im Kopf erleben, haben Sie einen weiteren Baustein Richtung Wunschfigur gelegt. Für eine nachhaltige Veränderung bedarf es dann allerdings einer langfristigen Strategie, denn ständig mit noch so viel Willenskraft gegen eine unerwünschte Gewohnheit anzukämpfen, kostet zu viel Energie. In Verbindung mit Hungerprogrammen des Körpers passieren dann bestimmt Rückfälle, die zum gefürchteten Jo-Jo-Effekt führen. Dieses hier vorgestellte Konzept, das auf neurowissenschaftlichen Erkenntnissen fundiert, plant Rückschläge deshalb von Anfang an mit ein: Stellen Sie sich vor, wie Sie diese Pannen ohne großes Drama wegstecken und mit den genau richtigen Handlungsweisen darauf antworten! Das erhöht die Erfolgschancen.

Die meisten Diäten haben eine gemeinsame Taktik: Sie verbieten gewisse Nahrungsmittel. Doch gerade Verbote sind regelrechte Stressmacher für unser Gehirn und vergrößern die Herausforderung somit. Anders gesagt: Verbote sind kontraproduktiv, wenn Sie Gewicht reduzieren wollen.

Sie richten den Fokus nämlich auf das Problem, stressen und erhöhen nur noch mehr das Verlangen nach Dickmachern. Und wie das mit der Aufmerksamkeit ist, wissen Sie ja inzwischen. Erinnern Sie sich an den Marshmallow-Test! Er hat verdeutlicht: Der Fokus weg vom Verführerischen bestimmt den Erfolg. Daher ist es wichtig, den Krieg gegen den eigenen Körper einzustellen. Statt alte Gewohnheiten zu bekämpfen, sollten Sie lieber neue forcieren – mit einem klaren Ziel und Plan, aber ohne Druck: Blättern Sie immer wieder mal in Kochbüchern zu nachgewiesen gesunden Ernährungsformen, sehen Sie sich Bilder von gesundheitserhaltenden Lebensmitteln an und freunden Sie sich so langsam, aber sicher mit einer neuen Ernährungsweise an! Sie wissen ja bereits, dass sich Gewohnheiten schrittweise festsetzen. Und mentale Techniken, wie wir sie Ihnen im Kapitel über den Selbsttest noch konkretisiert vorstellen, werden Sie dabei unterstützen, Ihre Motivation zu steigern und die Verankerung eines neuen Verhaltens zu gewährleisten – ganz nach dem Motto »Gehirnzellen steuern Fettzellen«.

Bedenken Sie: Gelingt es Ihnen nicht, den Alltagsdruck richtig zu bewältigen, so fördert das eine Gewichtszunahme. Das Fatale dabei ist, dass auch Maßnahmen, die auf das Abnehmen zielen, Stress darstellen können – etwa die Ernährungsumstellung infolge einer Diät oder die sportliche Betätigung. Darum ist es unumgänglich, die mentale Stärke zu trainieren. Dadurch werden Sie Ihr Gleichgewicht finden und Heißhungerattacken werden abnehmen. In einem weiteren Schritt programmieren Sie Ihre im Gehirn sitzenden Gewohnheiten auf einen gesünderen, »leichteren« Lebensstil um und entwickeln neue Handlungsmuster, etwa sich regelmäßig schlank zu denken. Mit dieser positiven Erwartungshaltung – Sie erinnern sich, was wir zu diesem Thema besprochen haben – wird sich Ihr Ziel schließlich erreichen lassen.

Der Schlüssel zum Erfolg ist die Kombination aus Anti-Stress-Techniken und Entspannungsübungen, welche die Diätbremse Cortisol senken, weiters aus positiven Visualisierungen zur Ressourcenaktivierung und dem Programmieren neuer Gewohnheiten für eine nachhaltige Lebensstiländerung. Denn das Geheimnis eines schlanken Körpers liegt nicht in den Fettzellen, sondern in den Gehirnzellen.

Schmerz, lass nach!

Wenn es um wiederkehrende Schmerzen geht, sieht die Sache ähnlich aus: Sollte eine stressbedingte Störung richtig tief sitzen, kann das menschliche System derart stark aus dem Lot geraten sein, dass Anspannung als Folge die Situation weiter verschlechtert. Bei Rückenschmerzen als Konsequenz von Stress werden etwa oftmals innere Muskeln durch ein unbewusstes Anspannen verkrampft, was das Leiden verursacht oder verschlimmert. Einem Tinnitus, den der Betroffene nachvollziehbarerweise unbedingt loswerden möchte, zu viel Aufmerksamkeit zu schenken, ist genauso kontraproduktiv: Es ist notwendig, den Fokus bewusst weg vom Pfeifen zu lenken, denn je mehr das Dauergeräusch gehört wird, desto schlimmer wird es. Problemen mit dem Rücken, Migräneattacken oder einem Tinnitusleiden kann unter Umständen vorgebeugt werden, indem wir uns gegen äußere Stressreize besser abzuschirmen lernen. Mentales Training ist auch hier eine Möglichkeit, die in so gut wie allen Fällen kleine Wunder bewirken kann.

Bereits Anfang des zwanzigsten Jahrhunderts wurde die Verwendung der Vorstellungskraft in Heilungsprozessen durch den französischen Apotheker Émile Coué und seine Autosuggestion »Es geht mir mit jedem Tag in jeder Hinsicht immer besser und besser« bekannt. (Näheres dazu finden Sie in »*Gewinner grübeln nicht*«!) Auch durch den US-Krebsspezialisten Carl Simonton und sein Team erfuhr die Idee von der Aktivierung der Selbstheilungskräfte durch die eigene Vorstellungskraft weitere Verbreitung. Hier fehlt es allerdings noch an wissenschaftlich fundierten Untersuchungen. 2004 wurde eine Pilotstudie veröffentlicht, die vielversprechende Trends bei Asthmatikern zeigte, die mental trainierten. Ein komplexes Gesundheitstraining, das mentale Übungen mit einbezieht, ergibt außerdem signifikante Ergebnisse bei Allergikern. Im Vergleich zur Kontrollgruppe veränderten sich eine Reihe von Parametern bei der Versuchsgruppe: Die subjektiv erlebte Gesundheit wurde verbessert, es gab weniger Symptome, die Medikamentenanzahl und die Häufigkeit der Arztbesuche verringerten sich, Wohlbefinden und Lebensqualität wurden gesteigert. Die Methode erzielte dabei erwiesenermaßen nicht nur einen kurzfristigen Effekt – auch zwei Jahre später gaben immerhin noch achtzig Prozent der Beteiligten an, es gehe ihnen nach dem Training besser als davor. Die Wirkung ist demnach als langfristig und stabil einzuschätzen.

Offenkundig hat auch das Setzen von Nadeln schmerzlindernde Effekte. Doch die Spezifität der Akupunkturpunkte ist – so wie bei der Akupressur – dennoch fraglich. In den vergangenen Jahren kam schließlich das Beklopfen von Akupunkturpunkten in Mode. So sonderbar diese Technik anmuten mag – sie erzielt durchaus Erfolge. Sie kombiniert Klopf-Akupressur an den Meridianen mit mentalen Übungen, genauer gesagt mit dem bewussten Denken an ein spezifisches Problem und Selbstakzeptanz. Das Klopfen wurde nicht nur bei Schmerz, sondern ebenso bei Angst, Depression, Sucht, Gewichtsproblemen, abfallender sportlicher Leistung und verlorengeglaubter Libido dokumentiert. Auch ein Fall eines Überlebenden des Terroranschlags vom 11. September 2001, der sich damals im World Trade Center befunden hatte und durch Klopftechnik von seinem Trauma befreit werden konnte, ist bekannt.

In einer Publikation von 2011 wurde die Stressreduktion durch das Klopfen analysiert. Das Fazit: Klopftechniken können Stress bei gesunden Probanden ebenso wirkungsvoll lindern wie Progressive Muskelentspannung, Relaxation Response, Meditation, Zwerchfellatmung und Kognitive Verhaltenstherapie. Und 2012 veröffentlichte der US-amerikanische Psychologe David Feinstein eine Arbeit über das Klopfen bei Menschen mit psychischen Erkrankungen. Achtzehn randomisierte Studien wurden dazu herangezogen, die statistisch signifikante, positive Ergebnisse erbrachten. Erklärungen für den Wirkmechanismus von Klopftechniken stellen Psychologen wie der US-Amerikaner Richard C. Kevin auf Basis der Beeinflussung der Amygdala durch Akupunkturpunkte-Manipulation auf. Demnach wird der Gedanke an das Problem, der auch als Reiz verstanden werden kann, mit einer »entstressten« Reaktion – und damit einhergehend weniger Amgydala-Aktivität – neu verknüpft. Es handelt sich bei der Klopf-Akupressur demnach um eine Expositionstherapie, in deren Rahmen der Klient mit seinem Leid konfrontiert wird. Wie bei der Akupunktur dürften die genauen Punkte nicht wichtig sein. Vielmehr scheint auch hier die Hauptwirkung über das Gehirn zu gehen und dafür zu sorgen, dass Belastungen und Stress in Zusammenhang mit einem Problem »verlernt« werden. Sie können somit sogar ohne spezielles Know-how der Punkte einfach drauflosklopfen!

Eine einfache Mentalübung gegen Anspannungen bei Schmerzen geht folgendermaßen: *Sie schließen Ihre Augen und ballen eine Hand zur Faust. Nach fünf Sekunden entspannen Sie die Hand wieder und spüren der Entspannung eine Weile bewusst nach. Machen Sie das Ganze noch weitere vier Mal – und ballen Sie die Faust mit jedem Durchgang immer fester! Nach dem letzten Durchgang führen Sie die Hand zu jener Stelle im Körper, an der Sie Schmerzen empfinden und spüren hinein, wie es wäre, wenn die Entspannung der Hand sich auf diese Körperstelle übertragen würde. Unter Umständen bemerken Sie bereits eine deutliche Linderung. Unterstützend können Sie entspannt zu der schmerzenden Stelle hin atmen.*

Das Prinzip dahinter ist ein unangenehmer Kreislauf: Schmerz führt zu Anspannung – Anspannung erhöht den Schmerz. Mit dieser Übung lernen Sie, die Anspannung »loszulassen«.

Erfolgreich im Team, zufrieden im Job

Wie bereits erwähnt ist das bewusste Imaginieren von Bewegungsabläufen heutzutage zu einem wichtigen Bestandteil der Sportpsychologie geworden, nachdem eine umfangreiche Studienlage von über vierhundert Untersuchungen nach strengen wissenschaftlichen Kriterien belegt, dass Mentaltraining die Leistung verbessern kann. Das können Sie natürlich auch auf Ihren Berufszweig umlegen und adaptiert anwenden.

Die unterschiedlichen Belohnungserwartungen der Kollegen und Mitarbeiterinnen sorgfältig zu analysieren, bildet hierfür einen ersten wichtigen Schritt. Es sollten nämlich nur Ziele vereinbart werden, die mit diesen individuellen Erwartungen kompatibel sind. Darum ist es wichtig, den jeweiligen Mitarbeiter kennenzulernen: Was macht er in seiner Freizeit, was bereitet ihm Freude? Welche Werte sind ihm wichtig? Welche Stärken hat er? Daraus ergibt sich ein Bild von der Motivationslage. Firmenchefs sollten Prämiensysteme langfristig abbauen, Führungskräfte das Lob um des Lobens willen hintenanstellen. Stattdessen sind Coaching-Skills gefragt – im besten Fall ist ein Abteilungsleiter fähig, wie ein Coach auf sein Team einzuwirken. In Bezug auf Umstrukturierungen in einem Unternehmen ist es am wirkungsvollsten, während des Veränderungsprozesses einen langsamen Übergang von der materiellen zur sozialen und schließlich zur intrinsischen Belohnung zu durchlaufen. Denn wie wir gehört haben: Materielle Motivation wie Prämien und Boni geben langfristig ebenso wenig her wie soziale, also Lob und Auszeichnungen. Nur intrinsische Beweggründe führen zum Erfolg. Erst wenn Mitarbeiter den Eindruck haben, Teil von etwas Größerem zu sein, etwas bewegen zu können, wenn somit nicht das Umsatzziel, sondern das Ich eines jeden Einzelnen im Vordergrund steht, ist der dauerhafte innere Antrieb der Belegschaft gesichert. Das Um und Auf in diesem Zusammenhang ist eine geeignete Personalführung. Veränderungsmaßnahmen innerhalb einer Firma, Abteilung oder auch nur des kleinsten Teams sollten nicht nur rational begründet, sondern zudem emotional untermauert werden. Nur so erreicht man langfristige Veränderungen. Je größer die Umstellungen sind, desto attraktiver und leuchtender müssen ihre Vorteile dargestellt werden. Gute Vorbilder sind die besten Mittel zur Motivation. Denken Sie daran: Menschen haben, wenn überhaupt, nur eine geringe Einsicht in ihre hintergründigen Antriebe und Motive. Daher ist die Gefahr der Selbsttäuschung und Abwehr von Kritik natürlich groß und die Möglichkeit einer objektiven »Fehlermeldung« verhältnismäßig gering. Was Sie dennoch machen können: Ihr eigenes Verhalten und die Reaktionen nahestehender Personen gewissenhaft überprüfen, große Veränderungen in kleine Schritte zerlegen, die machbar erscheinen, objektive Veränderungskriterien entwickeln und das eigene Verhalten regelmäßig überprüfen. Führen Sie doch am besten eine »Politik der kleinen Schritte« in Ihr Leben ein! Das bedeutet nichts anderes, als dass Sie sich Ihre Ziele ab dem heutigen Tage in kleine Schritte einteilen. Dieses Vorgehen beruht auf dem Konsistenzprinzip: Wir bleiben gern unserer Linie treu. Und so wird Ihnen alles leichter von der Hand gehen.

Glück ist lernbar!

Wir alle streben nach Glück, nach dem Zustand des möglichst häufigen Glücklichseins. Meistens erwarten wir, dass es uns von außen anspringt, dass Umstände und Menschen uns glücklich machen. Doch wie viel Einfluss haben wir selbst darauf, ob wir Glücksgefühle empfinden – und wie oft wir sie erleben dürfen?

Die folgende Übung sollte Ihnen dabei helfen, das herauszufinden – und je häufiger Sie sie durchführen, desto einfacher wird es für Sie werden, sich glücklich zu fühlen.

Machen Sie die Augen zu, betrachten Sie Ihr bisheriges Leben und suchen Sie sich einen Moment aus, in dem Sie glücklich waren! Es muss sich um nichts Großes wie eine Hochzeit oder Ähnliches handeln – ein entspannter, zufriedener Augenblick in einem feinen Urlaub reicht aus. Holen Sie sich das Bild her, zoomen Sie es heran und schauen Sie sich genau an, was Sie sehen: Welche Farben, Formen erkennen Sie? Was hören Sie? Riechen und schmecken Sie vielleicht auch etwas? Wenn das Bild starr ist, können Sie dazu ein bisschen Bewegung hineinbringen. Sobald Sie das Gefühl verinnerlicht haben, drehen Sie an einem vorgestellten Thermostat und verstärken es dadurch. Achten Sie darauf, was sich jetzt tut! Speichern Sie das in Ihrem Gedächtnis ab und nehmen Sie dieses Gesamtbild in Kombination mit Ihren dazugehörigen Empfindungen mit in Ihren Alltag! Wenn es Ihnen hilft, schneller in diese Emotion zurückzugelangen, setzen Sie doch einen Anker, indem Sie sich an einer bestimmten Stelle an Ihrem Körper berühren und verinner-

lichen: »Immer, wenn ich künftig an dieser Stelle ankomme, wird mich das in das gewünschte Bild katapultieren, sodass ich das Glück spüren kann!« Sollten Sie demnächst merken, dass Sie sich gestresst fühlen, frustriert oder einfach unzufrieden mit der Gesamtsituation sind, drücken Sie diesen »Button« und genießen Sie Ihren persönlichen Urlaub im Kopf!

Positive Gefühle trainieren Sie am besten über das Assoziieren: Sie lassen sich intensiv und mit möglichst allen Sinnen auf das betreffende Bild ein, indem Sie sehen, hören, spüren, schmecken und riechen, was da passiert. Machen Sie Ihr jeweiliges Bild größer, intensiver und stärker und tun Sie dasselbe mit jenen Empfindungen, die über die anderen Sinneskanäle hereinkommen. Wichtig dabei ist, dass Sie im Ergebnis körperlich eine Veränderung wahrnehmen können – nur dann sind Sie intensiv im Fühlen. Emotionen und Gefühle unterscheiden sich von Gedanken dadurch, dass sie Sie körperlich etwas spüren lassen. Nicht umsonst sprechen wir von der *Angst im Nacken*, *Schmetterlingen im Bauch* – oder von der *Wut im Bauch.* Zum Schluss verknüpfen Sie das entstandene gute Gefühl mit einem Anker, indem Sie wieder auf das bereits vorgestellte Prinzip der Konditionierung zurückgreifen.

Übrigens: Da wir wie besprochen Negatives stärker bewerten als Positives, ist es doppelt sinnvoll, Ihr Glücksgefühl zu trainieren, denn damit schaffen Sie einen wunderbaren Ausgleich zu Ihren Alltagssorgen und finden in Ihre Mitte.

Der Praxistest: Kleine Laster abgewöhnen leicht gemacht!

Von der unkontrollierten Naschkatze zur bewussten Genießerin

In diesem Selbsttest, der Ihnen hautnah veranschaulichen soll, wie das gesammelte Wissen aus den vorangegangenen Kapiteln im realen Leben funktioniert, geht es darum, ein kleines Laster loszuwerden. Das Prinzip ist für alle Veränderungsprozesse dasselbe – wir zeigen es Ihnen anhand des Beispiels, sich das (unkontrollierte und zu häufige) Naschen abzugewöhnen.

Das passt zu den Themen »Gesündere Ernährung«, »Abnehmen« und »bessere Lebensweise im Alltag«, die wir im vorigen Kapitel bereits genauer unter die Lupe genommen haben. Ich (Pamela Obermaier) habe zu Beginn dieses Praxistests beinahe täglich genascht, und das vor allem als Abschluss des Abendessens. Mein Ziel ist es nicht, nie wieder Schokolade, Kekse oder Pralinen zu essen – das halte ich für unrealistisch. Ich wünsche mir allerdings, in jeder Situation bewusst und selbst entscheiden zu können, ob, was und wie viel ich naschen möchte, anstatt das Gefühl zu haben, gar nicht anders zu können und täglich Schokoriegel essen zu *müssen*, um mich zu belohnen oder entspannen zu können.

In meinem Weltbild gehört es zur Lebensqualität, Süßes hin und wieder bewusst zu genießen – und dort möchte ich hin. Der gefühlte Automatismus soll also weg. Genau dabei wird mich Marcus Täuber unterstützen, indem er die in diesem Buch vorgestellte Methode nun praktisch anwendet und mir zeigt, was zu tun ist. Sie können diesen Vorgang genauso gut auf Ihre schlechte Angewohnheit umlegen, um in Bezug auf Ihre Veränderungswünsche erfolgreich vorgehen zu können.

Die Vorbereitung: Dem Verhalten auf den Grund gehen

Als Vorbereitung für den Prozess an sich habe ich mir schon mal Gedanken zu meinem Anliegen gemacht, indem ich folgende Fragen für mich selbst beantwortet habe:

- *Wie viel nasche ich?*
  Nun, um ehrlich zu sein: recht viel, also wirklich *zu* viel. Inzwischen esse ich täglich Süßigkeiten, und manchmal bleibt es nicht nur bei zwei Pralinen, drei Keksen oder einem kleinen Schokoriegel …
- *Wann nasche ich?*
  Vorwiegend nasche ich als Abschluss einer Mahlzeit, mit Vorliebe nach dem Abendessen, an besonders arbeitsintensiven Tagen im Home-Office, an denen ich mich unter Zeitdruck fühle, kommt es vor, dass ich bereits am Nachmittag erstmals in die Naschlade greife. Wenn ich im Büro oder überhaupt bei Kundenterminen und Inhouse-Trainings bin, sieht die Sachlage ein wenig anders aus, aber an derlei Tagen befriedige ich meine Genusssucht eben um 22.00 Uhr oder später, wenn ich nach Hause kommen – nach dem Motto »Es ist nie zu spät für einen kleinen Zuckerschock!«

- *Was könnte ich ersatzweise stattdessen tun?*
  Spazierengehen – als Symbol für irgendwelche Alternativen, die mehr Aufwand und weniger Genuss, als sich einen Schokoriegel in den Mund zu stecken, bedeuten –, wenn ich Lust auf Süßes habe, wird nicht funktionieren. Diesen Tipp habe ich vor Urzeiten probeweise umgesetzt und sofort wieder über Bord geworfen. Wer hat schon jedes Mal, wenn er an Schokolade denkt, Zeit oder die Gelegenheit, eine Runde um den Block zu gehen? Es muss folglich etwas anderes zu essen (oder wenigstens zu trinken) sein, das ich ersatzweise zu mir nehmen kann – etwas, das gut schmeckt, aber auch gesund ist.
- *Warum nasche ich?*
  Dafür gibt es mehrere Gründe und Ausreden: Simpel gesagt, weil meine Geschmacksnerven danach verlangen – mir schmecken Süßigkeiten einfach unsagbar gut! Daraus ist wohl vor vielen Jahren irgendwann unmerklich eine Zuckersucht gewachsen. Und die rede ich mir recht schön, denn ich trinke keinen Kaffee (ja, überhaupt keinen), nehme nur selten ein Schlückchen Alkohol zu mir, rauche nicht – na da wird man sich ja wohl noch eine kleine Schwäche für Süßes gönnen dürfen! Zum Genuss kommt nämlich das Gefühl der Entspannung: Wenn ich Schokolade esse, fühle ich mich augenblicklich entspannt, beruhigt und sogar entstresst. Eben wie eine Süchtige irgendwie.

Das Vorgespräch: Das Ziel unter die Lupe nehmen

Nach diesem Brainstorming mit mir selbst geht es auch schon los und wir begeben uns ins Vorgespräch, in das wir

Sie hier ungefiltert eintauchen lassen – das ist praktisch Ihr persönlicher Blick durchs Schlüsselloch:

Marcus Täuber: Was liegt dem Wunsch zugrunde, also was ist die Motivation, mit dem regelmäßigen Naschen aufhören zu wollen?

Pamela Obermaier: Gesundheit in Kombination mit Eitelkeit, weil auch der positive Nebeneffekt, auf Dauer ein bisschen abzunehmen, attraktiv auf mich wirkt – wobei mit zunehmendem Alter die Gesundheit wichtiger als das Optische für mich wird. Ich nasche ja die übliche Handelsware, also Schokoriegel mit raffiniertem Kristallzucker, und das macht mir kein gutes Gefühl. Ich bin nicht sicher, ob ich nicht sogar schon längst zuckersüchtig bin.

Marcus Täuber: Wenn du dir vorstellst, du lebst gesund – wie positiv ist das für dich auf einer Skala von null bis zehn?

Pamela Obermaier: Das liegt ungefähr bei neun, würde ich sagen.

Marcus Täuber: Wenn du dir vorstellst, du hast einen Schokoriegel vor dir liegen – wie hoch ist da die Motivation, ihn zu vernaschen, wieder auf einer Skala von null bis zehn?

Pamela Obermaier: Die liegt bei fünfzehn, würde ich sagen. Also zehn plus!

Marcus Täuber: Okay, die vorliegende Schwierigkeit liegt darin, dass das Ziel schwächer als der Ist-Zustand ist. Der erste Ansatz ist also, das Ganze zu verändern, indem wir das Ziel emotional aufladen und den Ist-Zustand emotional abschwächen. Außerdem ist es schön konditionierbar, wenn es als Ersatz für die Süßigkeiten einen Früchtetee gibt. Das wird dann zu einer Suggestion, die als Art Selbsthypnose fungieren wird. Diese beiden Ansätze werden miteinander kombiniert, um ans Ziel zu gelangen. Hast du ein Bild von den Schokoriegeln, wie sie aussehen, wie sie schmecken und riechen?

Pamela Obermaier: Ja, nachdem die Auswahl beschränkt ist und sich immer wiederholt, was ich nasche, hab' ich das gut vor Augen!

Marcus Täuber: Die Frage ist, ob wir an dieser Art und Weise, wie sie aussehen, etwas ändern können. Vielleicht kannst du dir in Gedanken vorstellen, wie der Schokoriegel immer grauer wird und immer verschwommener.

Pamela Obermaier: Wie eine alte, bereits abgelaufene Schokolade?

Marcus Täuber: Ja, genau, bis sie unattraktiv wird. Womöglich kann sie auch kleiner oder größer werden. Vielleicht gibt es etwas Akustisches wie ein höhnisches Lachen, eine unangenehme Stimme oder einen schrecklichen Ton, wenn du hingreifen willst. Eventuell nimmst du einen schlechten Geruch wie den von abgestandenem Wasser, Knoblauch oder Essig wahr, wenn du den Schokoriegel siehst. Geh in dieses Bild hinein und beobachte, wie attraktiv das Ganze nun für dich geworden ist!

Pamela Obermaier: Den Geruch von Knoblauch kann ich überhaupt nicht leiden – darum sind wir jetzt auch bei null angekommen.

Marcus Täuber: Dann widmen wir uns als Nächstes dem Ziel: Wie sieht dieses Gesundsein für dich konkret aus?

Pamela Obermaier: Ich sehe darin vor allem eine bessere Version meiner selbst: energiegeladener.

Marcus Täuber: Wie sieht das genau aus?

Pamela Obermaier: Ich stelle mir vor, dass ich ohne Zuckersucht weniger müde und weniger erschöpft bin.

Marcus Täuber: Was würde sich in deinem Gefühl oder Verhalten dadurch verändern?

Pamela Obermaier: Ich denke, es geht darum, auf mich selbst stolz zu sein, weil ich eine stärkere Selbstbeherrschung habe, wenn ich es schaffe, dem Schokoriegel zu widerstehen.

Marcus Täuber: Also Freiheit?

Pamela Obermaier: Ja, dadurch würde ich mich freier, selbstbeherrscht und bewusster fühlen.

Marcus Täuber: Wir wollen die Konditionierung wegbekommen, die mit der Erwartung einhergeht, dass du dich energiegeladener fühlen wirst, wenn du einen Schokoriegel gegessen hast. Denn der Zuckerschub steigert nur kurzfristig den Energiepegel. Die Suggestion wirkt nachhaltiger, weil von innen heraus und ohne Reue und Schuldgefühle danach. Durch diese Konditionierung fokussierst du nämlich auch genau darauf, imaginierst, wie lecker die Schokolade ist und erwartest, dass es dir danach bessergehen wird. Genau das wollen wir verändern. Also die bessere Version deiner selbst soll es werden, damit du freier, selbstbeherrscht und stolz auf dich selbst sein kannst. Gibt es noch etwas, das dazugehört?

Pamela Obermaier: Dass ich auch im fortgeschrittenen Alter gesund und fit sein werde und keine Diabetes- oder Herz-Kreislauf-Krankheiten bekomme.

Marcus Täuber: Was könntest du denn machen, wenn du keinen Herzinfarkt bekommen würdest?

Pamela Obermaier: Länger leben, wenn ich eben nicht an einem Herzinfarkt sterben würde.

Marcus Täuber: Und wofür würdest du gern lange leben?

Pamela Obermaier: Für schöne Erlebnisse mit den mir wichtigen Menschen, für Reisen, für weitere spannende Buchprojekte und meinen Beruf, der mich erfüllt.

Marcus Täuber: Gibt es eine bestimmte Musik oder Stimme, die dazu passt, etwas, das mit Reisen oder Familie und Freunden zu tun hat?

Pamela Obermaier: Wenn ich an Beziehungen denke, höre ich am ehesten ein Lachen, und wenn ich mir vorstelle, noch mehr von der Welt zu entdecken, vielleicht das Rauschen des Meeres …

Marcus Täuber: Riechst du vielleicht auch etwas?

Pamela Obermaier: Am ehesten in Bezug auf das Reisen –

weil die Meeresbrise natürlich frisch riecht und ich gern an Orte und in Städte reise, die mehr oder weniger nahe am Meer liegen.

Marcus Täuber: Wenn du dir jetzt vorstellst, du bist gesund, energiegeladen, auf dich selbst stolz, selbstbeherrscht, frei und fit, hast noch viel vor – wie das Lachen von geliebten Menschen zu hören, das Rauschen des Meeres, die salzige Luft zu riechen und zu schmecken, die vom Meer ausgeht –, wie attraktiv ist dieses Bild für dich, wieder von null bis zehn gesehen?

Pamela Obermaier: Ich würde sagen, das liegt bei zehn.

Marcus Täuber: Dann sind wir mit dem Ziel von neun auf zehn gekommen und mit der Motivation, Schokolade zu essen, von zehn plus auf null gesunken. Das ist ein schönes Ungleichgewicht, aus dem heraus Bewegung entstehen kann. Das Ist ist oben und das Soll ist unten und damit kann die Kugel rollen. Mit diesem Ziel können wir nun weiterarbeiten.

Sie haben vermutlich schon bemerkt, was während dieses Vorgesprächs – und bereits im Brainstorming davor – passiert ist? Der Fokus, die Imagination und die Erwartungshaltung wurden bearbeitet. Sie erinnern sich bestimmt daran, was wir Ihnen dazu geschildert hatten! So kann das in der Praxis aussehen.

Die Anleitung: Jetzt geht's ans Eingemachte!

Als Nächstes geht es an die Entspannung und Konditionierung – wieder unter Miteinbezug der anderen drei Komponenten der »Big Five«. Der folgende Prozess passiert im Wachzustand, eine tiefe Trance wird dafür nicht benötigt, auch keine andere Person wie etwa ein Hypnotiseur. Die

Idee hinter diesem Selbsthilfe-Tool ist, dass Sie sich Ihre Anleitung selbst auf Tonband sprechen können. Beim Anhören brauchen Sie sich dann lediglich auf Ihre eigene Stimme und die selbst gewählten Worte zu konzentrieren. Es handelt sich dabei um ein Autosuggestionstraining als Sonderform des mentalen Trainings, für das Sie die passende Gebrauchsanweisung aus den »Big Five« selbst und individualisiert auf Ihr Ziel entwickeln.

Wir müssen an dieser Stelle darauf hinweisen, dass sie keine Therapie ersetzt! Bei psychischen oder physischen Beschwerden sollten Sie auf jeden Fall einen Arzt oder Psychotherapeuten konsultieren. Die hier vorgestellte Methode kann kleine Wunder bewirken, wenn es darum geht, lästige Gewohnheiten loszuwerden und kleine Laster in den Griff zu bekommen, sie kompensiert allerdings keine Diagnose oder Therapie.

Marcus Täuber: Ich werde jetzt etwas Dreiteiliges anleiten: Das Erste ist eine Aufwärmrunde zur Aufmerksamkeit und der Vorstellungskraft, in der du Zahlen runterzählst. Damit richtest du den Fokus nach innen, kannst deine Imagination anfeuern. Dann werden wir als Zweites Suggestionen setzen, aus denen eine neue Konditionierung entstehen soll. Das Ganze wird in einem entspannten Zustand passieren, damit dein Unbewusstes es besonders gut aufnehmen kann. Durch regelmäßige Wiederholungen wird das dann richtig gut wirken. Motivation und Erwartung kommen als Drittes hinzu, indem du dir immer wieder vor Augen führst, warum du dein Verhalten ändern und dir das Naschen abgewöhnen möchtest. Dadurch wird das Dopamin erhöht werden – wir haben damit auch eine Art Suchtfaktor, nämlich die Vorfreude. So ersetzen wir die eine Dopamin-Reaktion auf die Schokolade durch die Vorfreude auf das Ziel.

Du kannst dich jetzt einfach mal bequem hinsetzen,

deine Füße fest auf den Boden stellen, die Hände ablegen, deine Augen schließen und tief ein- und ausatmen. Du wirst wahrscheinlich etwas im Raum hören, irgendwelche Geräusche. Du wirst vielleicht spüren – wenn du mit der Aufmerksamkeit nach innen gehst –, wie dein Körper dasitzt und sich dein Kopf anfühlt. Du kannst dann innerlich deinen ganzen Körper durchgehen und schauen, wie es sich anfühlt, hier zu sitzen. Und dann bleibst du mit der Aufmerksamkeit mal bei den Füßen – vielleicht kannst du den Boden bewusst wahrnehmen, oder deine Schuhe. Und dann kannst du deine Füße anspannen – so, dass es noch angenehm ist, aber schon fest anspannen – und mit dem nächsten Ausatmen wieder loslassen. Jetzt kannst du hineinspüren, wie das ist, wenn sich Muskeln anspannen und sich dann wieder entspannen können. Jetzt mit der Aufmerksamkeit zu den Beinen gehen: Unterschenkel, Knie, Oberschenkel. Vielleicht spürst du da etwas an Kälte oder Wärme, vielleicht ein Ziehen, ein Drücken – ganz egal, was da ist, nimm es einfach nur wahr, wie sich deine Beine anfühlen. Auch hier kannst du die Beine mal fest anspannen – schon so, dass es noch angenehm ist, aber doch fest, um sie beim nächsten Ausatmen wieder loszulassen. Jetzt kannst du hineinspüren, wie das ist, wenn sich Muskeln anspannen und sich dann wieder entspannen können, wie angenehm das ist, und wie das wäre, wenn nicht nur Muskeln sich entspannen, sondern auch Gedanken sich entspannen – zum Beispiel der Gedanke, auf das Naschen verzichten zu müssen; oder wie Gefühle sich entspannen – zum Beispiel das Gefühl »Wenn ich das schaffe, kann ich auf mich stolz sein und bin frei!« Und anschließend gehen wir mit der Aufmerksamkeit zum Gesäß, spüren hinein, wie sich das anfühlt, hier zu sitzen. Ganz egal, was da ist … Vielleicht spürst du den Sessel, vielleicht merkst du, wie du leicht hineinsinken kannst. Und auch da spannst du jetzt die Gesäßbacken so fest zusammen, dass es gerade noch angenehm ist – und mit dem nächsten Ausatmen lässt du wieder los und locker. Wandere mit der Aufmerksamkeit jetzt zur Wirbelsäule: Ist sie vielleicht schief, steht sie nach vorne oder nach hinten? Ganz egal, wie sich die Wirbelsäule gerade anfühlt, spür auch so ein, zwei Zentimeter um sie herum, ob es da entspannt ist oder weniger entspannt; und spür hinein, wie sich der Rücken gerade anfühlt. Nun spann den Rücken kurz an – so, dass es gerade noch angenehm ist – und mit dem nächsten Ausatmen entspanne den Rücken wieder. Jetzt geht es mit der Aufmerksamkeit zu den Schultern: linke Schulter, rechte Schulter; und hineinspüren, wie es sich anfühlt, wenn die Schultern Richtung Boden ziehen, und zunehmend weicher werden. Die Schultern werden immer weicher – so als würden tausend kleine Hände die Schultern massieren: die linke Schulter und die rechte Schulter. Und diese tausend kleinen Hände sind so fleißig – sie wandern den Nacken hinauf, über den Kopf bis zur Stirn vor. Spür, wie das ist, wenn der Kopf sich entspannt, die Stirn sich entspannt, die Augen sich entspannen, die Augenlider schwer wie Blei sind, die Wangen weich sind, der Mund, das Kiefer sich lockert; vielleicht öffnet sich sogar der Mund ganz leicht, weil du den Raum zwischen Ober- und Unterkiefer spürst, und manchmal kann man sogar den Raum zwischen den Zähnen spüren. Und Unterlippe und Kinn lassen sich fallen, und die Entspannung wandert den ganzen Körper hinunter, bis zurück zu den Füßen.

Und jetzt kannst du dir vorstellen, wie du so langsam von hundert hinunterzählst: hundert, neunundneunzig, achtundneunzig, siebenundneunzig ... Während ich rede, zählst du einfach weiter. Wenn du nicht mehr weißt, bei welcher Zahl du warst, geh einfach weiter bei jener Zahl, von der du glaubst, dass du zuletzt bei ihr warst.

Zähl einfach langsam hinunter, und je kleiner die Zahlen werden, desto tiefer wird die Entspannung. Stell dir vor, wie das so wäre, eine Mahlzeit zu essen und danach, als Abschluss der Mahlzeit, einen Früchtetee zu genießen: Wann immer die Mahlzeit abgeschlossen ist, immer nach der Mahlzeit, kannst du, wenn du magst, einen Früchtetee genießen, du kannst dich dabei wunderbar beruhigen, durchatmen und dabei neue Energie schöpfen. Egal, wo jetzt die Zahl gerade ist: Wann immer du mit einer Mahlzeit fertig bist, nimmt du einen Früchtetee zu dir und hast das entspannende, beruhigende Gefühl, durchatmen zu können und neue Energie zu haben. Wann immer du mit der Mahlzeit abschließt – das kann mittags sein, das kann aber auch abends sein, also nach jeder Mahlzeit –, kannst du einen Früchtetee genießen. Und du bemerkst, wie du dich entspannst und du nach diesem Schluck herrlich durchatmen kannst und merkst, wie du neue Energie bekommst – wann immer du mit einer Mahlzeit fertig bist, sie abschließt und du den Früchtetee genießt, der dich beruhigt und entspannt und dir neue Energie gibt. Egal, wo du mit der Zahl jetzt bist, kannst du dir vorstellen, die bessere Version deiner selbst zu sein, energiegeladener und schlanker, einfach gesünder. Und du merkst: Wann immer du mit einer Mahlzeit abschließt und einen Früchtetee genießt, kannst du auf dich selbst stolz sein, weil du dich selbst beherrschst und frei bist. Wann immer du mit der Mahlzeit abschließt, du auf dich selbst stolz sein kannst, selbstbeherrscht bist und frei bist, genießt du einen Früchtetee, weil dich der beruhigt und dir neue Energie gibt.

Spür mal hinein, wo du das im Körper spürst, wenn du auf dich selbst stolz bist – ob sich da etwas tut, sich ein Gefühl verändert, ob du spürst, wie es ist, stolz, selbstbeherrscht und frei zu sein ... Spür mal hinein! Nimmst du irgendetwas wahr? Wenn du etwas wahrnimmst, dann nick einfach kurz mit dem Kopf! Und jetzt stell dir vor, wir machen dieses Gefühl stärker – stolz, selbstbeherrscht und frei zu sein –, als ob du an einem Thermoregler einer Heizung drehst. Und zack, wir machen das Gefühl doppelt so stark und zwar *jetzt*! Und ich drehe an diesem Thermoregler wie bei einer Heizung, und wir schauen, ob vielleicht noch mehr geht – vielleicht geht das Gefühl viermal so stark – *jetzt*, zack –, dieses Gefühl, das dich leitet, wann immer du eine Mahlzeit abschließt, du einen Früchtetee genießt, der dich entspannt, der dir hilft, durchzuatmen und dir neue Energie gibt, bist du auf dich selbst stolz, weil du dich selbst beherrschst und frei bist. Stell dir mal vor, wie du in die Zukunft fliegst, über dein Leben, deine Zeitachse, wie du noch fit im Alter bist, wie du noch unheimlich viel erleben kannst, weil du ja noch viel vorhast: Reisen, Familie, Partnerschaft, Freunde, etwas von der Welt sehen, Buchprojekte verwirklichen ... Vielleicht, wenn du diese Bilder herholst, kannst du ganz intensiv und in Farbe sehen, was du alles erleben kannst – vielleicht das Meer rauschen hörst oder schmeckst oder riechst, oder ein Lachen hörst, oder was auch immer ... Was auch immer da ist, mach die Bilder größer wie mit einem Zoom einer Kamera; wenn du etwas hörst, mach die Geräusche, die Stimmen etwas lauter, aber so, dass es noch angenehm ist; mach die Gerüche stärker, aber so, dass es noch angenehm ist. Mach alles, was du siehst, hörst, schmeckst, fühlst, einfach intensiver! Und du weißt, dass du diese Bilder erreichst, diese Erlebnisse haben wirst, weil du, wann immer du eine Mahlzeit abschließt, jetzt einen Früchtetee genießt, einen leckeren, bekömmlichen Früchtetee, der dich beruhigt, der dir hilft, durchzuatmen, und dir neue Energie gibt, dir hilft, die bessere Version deiner selbst zu sein, wodurch du auf dich selbst stolz bist, selbstbeherrscht und frei bist, genießen kannst.

Flieg in Gedanken zurück in die Gegenwart, verweile da mal für einen Moment – egal, wo du jetzt mit den Zahlen bist, ob schon bei null oder noch davor –, genieße diese tiefe Entspannung und flieg in Gedanken zur nächsten Mahlzeit und stell dir vor, was du jetzt mit deinem neuen Ich machst. Mach einfach eine Probefahrt im neuen Ich: Du hast die Mahlzeit genossen, willst sie jetzt abschließen und jetzt kommt der leckere Früchtetee, der dich entspannt, der dich beruhigt, der dir aber auch neue Energie gibt und dir hilft, einmal durchzuatmen. Stell dir mal vor, wie das ist, wie sich das anfühlt, was du da genau machst, was du sonst wahrnimmst – hörst, siehst, schmeckst, riechst –, wie sich das alles anfühlt. Du weißt, mit so einer Probefahrt ist es wie beim Autokauf: Wenn man mal mit dem Auto gefahren ist, möchte man es auch haben. Und so kannst du dich so richtig auf die nächste Mahlzeit freuen, die du dann abschließt mit einem Früchtetee. Wann immer du die nächste Mahlzeit abschließt, wann immer du eine Mahlzeit abschließt, wirst du einen Früchtetee genießen, der dich entspannt, beruhigt, dir neue Energie gibt – und dieses Gefühl, stolz zu sein auf sich selbst, sich selbst zu beherrschen und frei zu sein.
Und ich zähl ganz langsam bis fünf – und bei fünf kannst du die Augen wieder öffnen, bist hellwach und frisch, und nimmst dieses neue Gefühl mit ... dieses Gefühl, die Mahlzeit mit einem Früchtetee abschließen zu dürfen, die Mahlzeit mit einem Früchtetee abschließen zu wollen. Ich zähl jetzt bis fünf: Eins ... atme einfach mal tief ein und aus ... zwei ... der Körper richtet sich langsam auf, die Schultern gehen nach hinten, der Kopf nach oben, Arme und Beine dürfen sich bewegen ... drei ... du spürst, wie frisches Quellwasser den Kopf umspült, wie frischer Wind die alte Gewohnheit weggeweht hat und dein Kopf kühl und klar wird ... vier ... du so richtig schön Sauerstoff in die Lungen pumpst ... und du mit die-

sem Gefühl des Früchtetees in den Alltag zurückkommst. Fünf … Reibe deine Hände, führ sie an dein Gesicht und öffne in deinem eigenen Tempo deine Augen. Du bist nun hellwach und frisch, es geht dir gut.

Die Nachbesprechung und der Auftrag: Mit Freude an die Veränderung

Nach dieser Anleitung, die ich auf Band aufgenommen habe und für die nächsten acht Wochen zweimal täglich anhören soll, fühlte ich mich tiefenentspannt – und: Ich hatte eine unbändige Lust auf Früchtetee! Das hat folglich funktioniert wie ein richtig guter Werbespot. Gut, ich hatte natürlich den Vorteil, dass ich derlei Übungen bereits häufig gemacht habe, dass ich sie im Zuge des neurolinguistischen Programmierens selbst angeleitet habe, und dass ich Erfahrung mit Meditation habe. *Aber* auch ich habe das vor Jahren zum ersten Mal gemacht. Es gibt somit keinen Grund, sich Sorgen zu machen, ob Sie das auch so aufnehmen und innerlich mitgehen können, denn wir sind sicher: Das können Sie! Dieses Buch wird Sie am Ende allumfassend genau darauf vorbereitet haben.

Gehen wir nochmal alles durch: Im Vorgespräch ging es um das Reframen, das Umdeuten eines Zustands: Wir haben die Süßigkeiten negativ geladen und die Lösung emotional positiv verstärkt, um so ein Gefälle zu erzeugen. In der Anleitung selbst gab es zu Beginn eine Quick-and-Dirty-progressive Muskelentspannung, um in eine Entspannungssituation zu kommen, um den *Fokus* nach innen zu bringen. Indem man sich auf den eigenen Körper konzentriert und ihn bewusst entspannt, blendet man das Außen und Drumherum aus und geht mit der Aufmerksamkeit nach innen. Durch dieses Abschirmen von außen bereitet man sich auf die inneren Bilder vor, die dann mit der *Visualisierung* kommen werden. Die Zahlen unterstützen ebenfalls den Fokus nach innen, zudem helfen sie durch das Zählen nach unten, immer mehr in eine tiefere *Entspannung* zu gelangen. Und dann wurde mit der neuen *Konditionierung* gearbeitet – und zwar auf Basis der Elemente, die sich aus der Vorbereitung ergeben haben. Durch die Wenn-dann-Verknüpfung kommt es zu einer Suggestion: Je öfter man sie hört und je emotionaler man sie bewertet – verbunden mit den angestrebten Zielen und wiederum mit der dazugehörigen *Erwartung*shaltung verknüpft –, desto besser wirkt sie. Die Erwartung ist der Motivator, der das Dopamin erhöht. So sind alle »Big Five« zusammengekommen und erledigt.

Die Zeit danach: Der Weg ist das Ziel

Sie fragen sich vermutlich schon, wie es mir mit dem Veränderungsprozess an sich ergangen ist: Musste ich nun von heute auf morgen mit dem Naschen aufhören? Nein, das musste ich nicht und das habe ich auch nicht. Ich habe Babyschritte gemacht, um ans Ziel zu kommen: Immer, wenn es mir leichtfiel, weil ich ohnehin wenig Lust auf Süßes hatte, habe ich es komplett ausfallen lassen, zeitgleich habe ich mir den Früchtetee nach dem Abendessen angewöhnt, der mir überraschenderweise selbst völlig ungezuckert recht süß vorgekommen ist. Die Suggestion hat demnach die Wahrnehmung des Früchtetees als eine Art Süßigkeit verstärkt. Durch die kleinen Schritte habe ich mich nicht zu stark unter Druck gesetzt und konnte beobachten, dass dieser Süßheißhunger immer weniger und seltener wurde.

Konkret bedeutet das: Ich habe insgesamt wesentlich weniger häufig genascht. Wenn ich der Versuchung nachgegeben habe, war ich viel schneller gesättigt, habe folglich wesentlich weniger Süßes gebraucht, um mich zufrieden zu fühlen, und zudem habe ich häufiger Tee getrunken und die ungesunden Industrieschokoriegel mehr und mehr durch gesündere Süßigkeiten ersetzt. Und: Ich habe mir zusätzlich die Hilfe der Traditionellen Chinesischen Medizin geholt, und zwar in Form von chinesischen Kräutern, die den Gusto auf Süßspeisen eindämmen. Ob das nun Placebo oder echte Unterstützung war, ist letztlich nicht so wichtig – auf jeden Fall hat dieser Prozess bewiesen, dass *alles reine Kopfsache* ist. Denn das Ergebnis kann sich sehen lassen: Ich mag Süßes immer noch – das wird sich wohl nie ändern –, aber ich bin jetzt wieder Herrin meiner selbst, indem ich gelassen und ruhig entscheiden kann, ob ich nun meinem Verlangen nachgeben möchte oder nicht. Aus der unkontrollierten Naschkatze, die sich teilweise dem Objekt der Begierde richtiggehend ausgeliefert gefühlt hat, ist eine bewusste Genießerin geworden, die sich hin und wieder etwas Süßes gönnt – und das ist in den meisten Fällen etwas wesentlich gesünder Hergestelltes als vor diesem Veränderungsprozess, und in allen Fällen bin ich mit einer auffallend geringeren Menge als früher zufrieden. Sieg auf ganzer Linie! Danke, liebe Gehirnzellen!

Das Tolle an diesem Prozess: Was in den Basalganglien abgelegt ist, bleibt dort. Die Sache ist im wahrsten Sinne des Wortes gegessen! Unter starkem Druck können die darunter angelegten Muster zwar wieder hochkommen, doch in diesem Fall ist es ein Leichtes, einfach ein weiteres Mal damit zu arbeiten – oder aber am besten den das Verhalten auslösenden Stress gar nicht erst aufkommen zu lassen. Wie das möglich ist, wissen Sie inzwischen ja ebenfalls!

Jetzt sind Sie dran: Die Vorlage für Ihren individuellen Veränderungswunsch

Der Fragebogen zum Kopieren oder direkten Ausfüllen:

Warum machen Sie das, was Sie sich abgewöhnen möchten?

Wie oft tun Sie das, was Sie sich abgewöhnen wollen?

Wann tun Sie das, was Sie sich gern abgewöhnen würden?

Was könnten Sie statt des bisherigen Verhaltens tun?

Als nächsten Schritt nehmen Sie die zu Ihrem Vorhaben passende Anleitung auf Band auf. Wenn Sie jemanden in Ihrem Umfeld wissen, dessen Stimme Sie als besonders angenehm empfinden, bitten Sie ihn doch darum, Ihnen diesen Text auf Band zu sprechen! Oder aber Sie machen das gleich selbst. Achten Sie bloß darauf, dass sich inhaltlich alles so häufig wiederholt wie in unserem Beispiel: Die wichtigen Punkte sollten so oft vorkommen, dass Sie Ihnen schon beinahe lästig werden, wie Sie es vielleicht von einem unliebsamen Ohrwurm kennen – dann ist es genau richtig für Ihr Gehirn! Wenn Sie sich schwer damit tun sollten, innere Bilder zu finden, können Sie sich vor jedem Anhören der Anleitung reale Unterstützung holen: Fotos auf Ihrem Handy von Ihren Lieben, die Sie daran erinnern, warum Sie abnehmen wollen – damit es Ihnen gesundheitlich so gut geht, dass Sie noch viel Zeit mit ihnen verbringen können –, oder Bilder von jenen Ländern, die Sie noch gern bereisen wollen, wenn das ein starker Motivator für Sie sein sollte, helfen genauso wie Fotos von glücklichen Menschen, falls es darum geht, Ihre innere Einstellung zu verändern, um ein erfüllteres Leben zu führen.

Das Wunderbare an der modernen Technik ist: Es gibt keine Ausreden mehr! Sie müssen ja keinen Walkman mitschleppen, um Ihre Anleitung anhören zu können. Jeder hat heutzutage sein Smartphone so gut wie ständig bei sich, und das wird jetzt Ihr bester Freund im Veränderungsprozess, denn mit ihm haben Sie alles jederzeit dabei, was Sie dafür benötigen: die vertonte Anleitung und alles, was Sie benötigen, um Unterstützung für das Visualisieren zu erhalten.

Innerhalb der nächsten acht Wochen können Sie sich das Band bestenfalls zweimal am Tag anhören. Das ist ungefähr eine halbe Stunde täglich, die Sie investieren sollten, wenn es Ihnen ernst ist mit Ihrem Anliegen. Sollten Sie nach einer Weile merken, dass Sie schon recht gut unterwegs sind, können Sie selbstverständlich auf einmal pro Tag reduzieren.

Werden Sie die beste Version Ihrer selbst!

Es ist nie zu spät, sich zu ändern! Sie haben nun alles in der Hand, was Sie benötigen, um unliebsame Gewohnheiten durch neue, gewinnbringende, gesundheitsfördernde zu ersetzen und damit die beste Version von sich selbst zu werden. Sie wissen, was Sie brauchen, um Ihr Verhalten ab dem heutigen Tage ändern zu können. Ab sofort können Sie berücksichtigen, was Sie in den gelüfteten Geheimnissen über Ihr Gehirn erfahren haben: dass es Probleme und deren Lösungen liebt, dass es Ihren Fokus nicht gerne aufteilt, dass es Sie Ihre eigene Wahrnehmung für die Realität halten lässt, dass es Sie zu einem äußerst sozialen Wesen macht und durch anhaltenden Stress auf negative Weise verändert wird. Bauen Sie diese Kenntnisse in Ihr Leben ein! Hinzu kommt Ihr Know-how in Bezug auf die Formel »Dreimal drei gewinnt!«: Wiederholung, Emotion und Aufmerksamkeit werden zu Ihren tatkräftigen Unterstützer auf dem Weg zur Veränderung sein, wo Sie nun wissen, wie sie zu Ihren Gunsten einzusetzen sind. Und »Big Five« *Fokus, Entspanntheit, Vorstellung, Erwartung* und *Konditionierung* machen Ihr Team, das Sie zum Erfolg führen wird, komplett.

Wie gesagt: Diese Methode funktioniert bei allen leichten Lastern! Egal, ob Sie unkontrolliert zu Kartoffelchips greifen, Geleefrüchte am liebsten mögen, zu viel Kaffee trinken, ständig Soft- oder Energydrinks in sich hineinschütten oder Pralinen nicht widerstehen können, ob Sie es in Wahrheit nicht gut finden, jeden Abend bis kurz vorm Schlafengehen auf Ihr Smartphone zu starren, es für nicht erstrebenswert halten, Ihren Partner immer gleich anzumotzen, wenn Sie sich grantig fühlen, ob sie endlich mit dem Rauchen aufhören wollen oder fixe Sportzeiten in Ihre Wochen einplanen möchten – all das haben Sie selbst in der Hand. Sollten Sie während des Veränderungsprozesses trotzdem ab und zu »umfallen« – kein Problem! Gönnen Sie sich das, verzeihen Sie sich, seien Sie nicht zu streng zu sich selbst! Wir haben in »*Gewinner grübeln nicht*« ausführlich und wissenschaftlich belegt erklärt, dass dieses »Scheitern« dazugehört und Personen, die einen »Rückfall« einbauen können, auf lange Sicht erfolgreicher sind als andere, die sich das bisherige Verhalten gänzlich und ab sofort verbieten wollen. Wichtig ist es nur, insgesamt dranzubleiben, die Anleitung weiterhin zu hören und sich nicht beirren zu lassen. Denken Sie immer daran: Eine positive Motivation führt langfristig eher zum Erfolg als Vermeidungsziele! Ein Leidensdruck ist zwar gut, um alarmiert zu werden, aber insgesamt benötigen Sie eine positive Zielvorstellung, um dauerhaft erfolgreich zu sein.

Sie sind keine Naschkatze und haben ganz andere Laster? Wunderbar, wir gratulieren! Auch Ihnen schadende Denkmuster wie ständiges Grübeln, immer vom Negativen auszugehen, dauernd mit dem Smartphone spielen oder pessimistisch zu sein, können mit Ihrem neuen Wissensstand bald der Vergangenheit angehören. Sie brauchen bloß die Nachos, Salzstangen, Kekse oder Schokolade durch die jeweilige schlechte Angewohnheit Ihres Geistes zu ersetzen und schon kann es losgehen.

Wir wünschen Ihnen viel Erfolg und Freude auf dem Weg zu Ihrem neuen Ich!

Und denken Sie immer daran: Unterm Strich ist beinahe *alles reine Kopfsache*!

Quellenverzeichnis

Ashby, W. Ross: An introduction to Cybernetics. New York: Wiley 1956.

Baumeister, R.F. et al.: Bad is stronger than good. Review of General Psychology, 5(4), 2001.

Begley, Sharon: Neue Gedanken – neues Gehirn. Die Wissenschaft der Neuroplastizität beweist, wie unser Bewusstsein das Gehirn verändert. München: Goldmann-Arkana 2010.

Bègue, L. et al.: Beauty is in the eye of the beer holder: People who think they are drunk also think they are attractive. British Journal of Psychology, 104(2), 2013.

Bernstein, Douglas A./Borkovec, Thomas D.: Entspannungs-Training: Handbuch der Progressiven Muskelentspannung nach Jacobson. Stuttgart: Klett-Cotta, 2007.

Bezzola, L. et al.: Training-induced neural plasticity in golf novices. J Neurosci, 31(35) 2011.

Bloch, Ernst: Das Prinzip Hoffnung. Berlin: Suhrkamp-Verlag 1985.

Brody, Howard/Brody, Daralyn: Der Placebo-Effekt. Die Selbstheilungskräfte unseres Körpers. München: Deutscher Taschenbuch-Verlag 2002.

Casey, B. J. et al. (2011). Behavioral and neural correlates of delay of gratification 40 years later. Proceedings of the National Academy of Sciences, 108(36), S. 14998–15003.

Conrad A./Roth W.T.: Muscle relaxation therapy for anxiety disorders: it works but how? Journal of Anxiety Disorders: 21/2007.

Dispenza, Joe: Du bist das Placebo. Bewusstsein wird Materie. Burgrain: Koha-Verlag 2014.

Draksal, Michael: Mit mentaler Wettkampfvorbereitung zum Erfolg. Leipzig: Draksal-Fachverlag 2012.

Duhigg, Charles: The habit loop. Why we do what we do and how to change. London: Random House Books 2013.

Epstein, G.N. et al.: A Pilot Study of Mind–Body Changes in Adults with Asthma who Practice Mental Imagery. Alternative Therapies, 10(4), 2004.

Ericsson, Karl Anders: The Road to Excellence. New Jersey: Lawrence Erlbaum Associates 1996.

Förstl, Hans: Theory of Mind: Neurobiologie und Psychologie sozialen Verhaltens. Heidelberg: Springer-Verlag 2012.

Freudenberger, HJ.: Staff Burn-Out. Journal of Social Issues, 30(1), 1974.

Gindrat, A.D. et al.: Use-Dependent Cortical Processing from Fingertips in Touchscreen Phone Users: Current Biology, 25 (1), 2014.

Gispert D. et al.: Diazepam and Jacobson's progressive relaxation show similar attenuating short-term effects on stress-related brain glucose consumption. European Psychiatry: 30 (2), 2015.

Gotink, R.A. et al.: 8-week Mindfulness Based Stress Reduction induces brain changes similar to traditional long-term meditation practice – A systematic review. Brain Cognition, 108, 2016.

Grawe, Klaus et al.: Psychotherapie im Wandel: Von der Konfession zur Profession. Göttingen: Hogrefe 2001.

Güth, Werner et al.: An experimental analysis of ultimatum bargaining. Journal of Economic Behavior & Organization, 3 (4), 1982.

Güth, Werner/Schmittberger, Rolf/Schwarze, Bernd: An experimental analysis of ultimatum bargaining. In: Journal of Economic Behavior & Organization. Volume 3, Issue 4, Dezember 1982, S. 367–388.

Hassebrauck, M.: Beauty Is More than «Name« Deep: The Effect of Women's First Names on Ratings of Physical Attractiveness and Personality Attributes. Journal of Applied Social Psychology, 18, 1988.

Häusel, Hans-Georg: Brain View – Warum Kunden kaufen. Freiburg/Berlin/München/Zürich: Haufe-Mediengruppe 2009.
http://astrid-kaiser.de/forschung/projekte/vornamensstudien.php
https://derstandard.at/2000065745983/Uebergewichtige-Kinder-Oesterreich-liegt-im-mitteleuropaeischen-Trend
https://derstandard.at/2000065058714/Was-die-Natur-besser-kann-als-das-Fitnesscenter
https://diepresse.com/home/science/4682125/Im-Leben-gehtes-immer-um-Marshmallows
http://www.ifmes.at
https://jamesclear.com
http://mbsr-mbct.at/
http://sciencev1.orf.at/news/145646.html
https://www.sein.de/neuroplastizitaet-ein-blinder-lernt-sehen/
https://sellfy.com/p/Jp6S/
https://www.aerztezeitung.de/medizin/krankheiten/schmerz/article/627559/kraft-erwartung-placebo-analgesie.html
http://www.cell.com/cell-metabolism/fulltext/S1550–4131(13)00243-X
http://www.eftuniverse.com/research-studies/eft-research
http://www.davidwebberseeingclearly.com/about
http://www.dge.de/presse/pm/so-dick-war-deutschland-nochnie
http://www.drdansiegel.com/about/mindsight
https://www.feldenkraisinstitut.at/index.php/de/interview_david_webber
https://www.focus.de/finanzen/boerse/die-groessten-crashs-der-weltgeschichte-1–1637-explodierte-tulpen-spekulationsblase_id_4866957.html
http://www.gesund.at/a/uebergewicht
https://www.health.harvard.edu/mind-and-mood/relaxation-techniques-breath-control-helps-quell-errant-stress-response
https://www.medizin-transparent.at/schlaflos-durch-blaues-licht

https://www.mentastim.com/startseite-mentastim/
http://www.ortwinmeiss.de/sport_mentales.html
http://www.spiegel.de/gesundheit/diagnose/licht-von-handy-laptop-und-tablet-stoert-schlaf-a-1003928.html
http://www.tagblatt.ch/nachrichten/schweiz/weltweit-immer-mehr-kinder-mit-uebergewicht;art253650,5109645
http://www.t-online.de/gesundheit/krankheiten-symptome/id_62997848/hoher-ruhepuls-erhoeht-das-sterberisiko.html
https://www.tu-chemnitz.de/tu/pressestelle/2006/10.12–11.20.html
http://www.wissenschaft.de/leben-umwelt/medizin/-/journal_content/56/12054/12389616/Positive-Erwartungen-st%C3%A4rken-Immunabwehr/
https://www.yogameditation.com/reading-room/breathe-through-the-nose/
https://www.youtube.com/watch?v=IPYeCltXpxw
https://www.youtube.com/watch?v=voAntzB7EwE
Jancke, L. et al.: Virtual reality and the role of the prefrontal cortex in adults and children. Front Neurosci, 3(1), 2009.
Jancke, L: The plastic human brain. Restorative Neurology and Neuroscience: 27(5), 2009.
Jorm, A.F. et al.: Effectiveness of complementary and self-help treatments for anxiety disorders. Medical Journal of Australia, 181 (7), 2004.
Kabat-Zinn, Jon. Gesund durch Meditation. Das vollständige Grundlagenwerk zu MBSR. München: O.-W.-Barth-Verlag 2013.
Kaspar, Cornelia: Die Simonton-Methode. Selbstheilungskräfte stärken, den Krebs überwinden. Hamburg: Rowohlt-Taschenbuch-Verlag 2015.
Kidd, Celeste/Palmeri, Holly/Aslin, Richard N. (2013): Rational snacking: Young children's decision-making on the marshmallow task is moderated by beliefs about environmental reliability. In: Cognition, 126 (1): S. 109–114.

Kirjanen, S.: The brain activity of pain relief during hypnosis and placebo treatment. Journal of European Psychology Students, 3(1), 2012.

Lally, P. et al.: How are habits formed: Modelling habit formation in the real world. European Journal of Social Psychology, 40(6), 2010.

Langer, Ellen J.: Die Uhr zurückdrehen. Gesund alt werden durch die heilsame Wirkung der Aufmerksamkeit. Paderborn: Junfermann-Verlag 2011.

Langer, N. et al.: Effects of limb immobilization on brain plasticity. Neurology, 78/2012.

Macnamara, B.N. et al.: Deliberate Practice and Performance in Music, Games, Sports, Education, and Professions: A Meta-Analysis. Psychological Science, 25(8), 2014.

Maltz, Maxwell: Psycho-Cybernetics. New York: Pocket Books 1969.

Mayer, Jan/Hermann, Hans-Dieter: Mentales Training. Grundlagen und Anwendung in Sport, Rehabilitation, Arbeit und Wirtschaft. Berlin/Heidelberg: Springer-Verlag 2015.

Michel, Walter: Der Marshmallow-Test. Willensstärke, Belohnungsaufschub und die Entwicklung der Persönlichkeit. Siedler-Verlag 2015.

Mischel, Walter/Ayduk, Ozlem/Berman, Marc G./Casey, B. J./Gotlib, Ian H./Jonides, John/Kross, Ethan/Teslovich, Theresa/Wilson, Nicole L./Zaya, Vivian: Social Cognitive and Affective Neuroscience, Volume 6, Issue 2, 1. April 2011, S. 252–256.

Mischel, Walter/Shoda, Yuichi/Rodriguzez, Monica L. (1989): Delay of gratification in children. In: Science, 244: S. 933–938.

Müller-Lyer, Franz: Optische Urteilstäuschungen. Archiv für Physiologie Suppl., 1889.

Münte, T.F. et al.: The musician's brain as a model for neuroplasticity. Nature Neuroscience Reviews 3/2002.

Nideffer, Robert M.: Test of attentional and interpersonal style. Journal of Personality and Social Psychology, 34/1976.

Nideffer, Robert M.: The Inner Athlete. New York: Thomas Crowell 1976.

Obermaier, Pamela/Falk, Petra: Gut gebrüllt und schon gewonnen. Was Ihre Stimme über Sie verrät und wie Sie mit ihrer Kraft überzeugen. Wien/Berlin: Goldegg-Verlag 2017.

Obermaier, Pamela/Hasmann, Gabriele: Gummibärchen für die Seele. Mystik für Einsteiger und Realisten. Wien/Berlin: Goldegg-Verlag 2014.

Obermaier, Pamela/Täuber, Marcus: Gewinner grübeln nicht. Richtiges Denken als Schlüssel zum Erfolg. Wien/Berlin: Goldegg-Verlag 2016.

Owen, A.M. et al.: Detecting awareness in the vegetative state. Science, 313/2006.

Owen, Adrian: Zwischenwelten: Ein Neurowissenschaftler erforscht die Grauzone zwischen Leben und Tod. München: Droemer HC 2017.

Raichle, M.E./Snyder, Abraham Z.: A default mode of brain function: A brief history of an evolving idea. NeuroImage, 37/2007.

Reddy, Marion/Zachenhofer, Iris: Kopfsache schlank. Wie wir über unser Gehirn unser Gewicht steuern. Wien: edition a 2016.

Rosenthal, Robert/Jacobson, Leonore: Pygmalion im Unterricht. Lehrererwartungen und Intelligenzentwicklung der Schüler. Weinheim an der Bergstraße/Berlin/Basel: Beltz 1983.

Roth, Gerhard: Persönlichkeit, Entscheidung und Verhalten. Warum es so schwierig ist, sich und andere zu ändern. Stuttgart: Klett-Cotta 2015.

Roth, Gerhard/Strüber, Nicole: Wie das Gehirn die Seele macht. Stuttgart: Klett-Cotta 2015.

Schlam, Tanya R./Wilson, Nicole L./Shoda, Yuichi/Mischel, Walter/Ayduk, Ozlem (2013): Preschoolers' delay of gratification predicts their body mass 30 years later. In: The Journal of Pediatrics, 162: S. 90–93.

Schnack, Gerd: Der große Ruhe-Nerv. Freiburg im Breisgau: Verlag Herder 2016.

Schunemann H.J. et al.: Pulmonary Function Is a Long-term Predictor of Mortality in the General Population 29-Year Follow-up of the Buffalo Health Study. Chest, 118(3), 2000.

Spiegel, D./Albert, L.H.: Naloxone fails to reverse hypnotic alleviation of chronic pain. Psychopharmacology, 81(2), 1983.

Spitzer, Manfred: Cyberkrank! Wie das digitalisierte Leben unsere Gesundheit ruiniert. München: TB-Verlag 2017.

Spitzer, Manfred: Dopamin und Käsekuchen: Hirnforschung à la carte. Schattauer 2011.

Spitzer, Manfred: Stress auf neurobiologischer Grundlage und Behandlungsansätze. Vortrag anlässlich der Zukunftswerkstatt (psycho)somatische Rehabilitation vom 5. November 2015 in der Spessart-Klinik, Bad Orb. Müllheim-Baden: Auditorium Netzwerk.

Talbott, Shawn/Kraemer, William: The Cortisol Connection: Why Stress Makes You Fat and Ruins Your Health – And What You Can Do about. Alameda: Hunter House Publisher 2007.

Unterberger, Gerhart et al.: Damit Geist und Körper wieder angemessen reagieren können. Bargteheide: Psymed-Verlag 2014.

Widlok, Thomas/Burenhult, Niclas: Sehen, riechen, orientieren. Heidelberg: Spektrum der Wissenschaft 2014.